Kleine
ungarische Sprachgeschichte

MÁRIA D. MÁTAI

Kleine ungarische Sprachgeschichte

Aus dem Ungarischen übersetzt von
ALBRECHT FRIEDRICH

unter Mitarbeit von
RUTH FUTAKY

HELMUT BUSKE VERLAG
HAMBURG

Mária D. Mátai ist Dozentin am Lehrstuhl für Ungarische Sprachgeschichte, Soziolinguistik und Dialektologie der Loránd-Eötvös-Universität in Budapest.

Die Deutsche Bibliothek – CIP-Einheitsaufnahme

Mátai, Mária D.: Kleine ungarische Sprachgeschichte / Mária D. Mátai. Aus dem Ungar. übers. von Albrecht Friedrich. Unter Mitarb. von Ruth Futaky. - Hamburg : Buske, 2002
ISBN 3-87548-323-5

www.buske.de

 Satz: Jens-Sören Mann. Druck: Strauss, Mörlenbach. Bindung: Schaumann, Darmstadt. Werkdruckpapier: alterungsbeständig nach ANSI-Norm resp. DIN-ISO 9706, hergestellt aus 100% chlorfrei gebleichtem Zellstoff. Printed in Germany.

INHALT

VORWORT

Die Beschäftigung mit der ungarischen Sprache, Literatur und Kulturgeschichte setzt viele Kenntnisse voraus. Wir müssen den Wortschatz und das grammatische System kennen sowie die Regeln und die Praxis der Satz- und Textkonstruktion.

Wir müssen zudem wissen, dass sich – wie sämtliche lebende Sprachen auf der Welt – auch die ungarische Sprache ändert. Um die ältere ungarische Literatur lesen zu können, muss man die frühere Sprache mehr oder weniger kennen, wollen wir doch auch diese Texte verstehen – und nicht missverstehen.

Für die sprachgeschichtlichen Kenntnisse muss man aber nicht nur die Texte früherer Zeiten lesen und verstehen, sondern sich auch in den verschiedenartigen Dubletten der heutigen ungarischen Sprache, den sog. synchronen Varianten, zurechtfinden können, beispielsweise wissen, wann welche von zwei Formen ähnlicher Bedeutung die bessere Wahl ist (z. B. *csoda* oder *csuda* ›Wunder‹, *engem* oder *engemet* ›mich‹ (Akk.), *férfival* oder *férfivel* ›mit dem Mann‹, *el kell mennem* oder *el kell menjek* ›ich muss weggehen‹). Die Entscheidung hängt von vielen Umständen ab: von der Zeit und davon, ob wir Umgangssprache oder Dialekt reden, vom Gesprächspartner, von der Situation, vom individuellen Geschmack und Sprachgebrauch sowie von sonstigen soziolinguistischen Umständen. Denn auch im gegenwärtigen Sprachzustand finden sich neben Innovationen zahlreiche erhaltene Altertümlichkeiten, sog. Relikte.

Diese Wahl ist zum einen aus stilistischer und soziolinguistischer Sicht von Bedeutung, zum anderen deshalb, weil wir durch unsere eigene Wahl eine Variante präferieren (die sich dann verbreiten, dominieren und zum allgemein benutzten sprachlichen Faktum werden kann), wir also auch selbst Gestalter der von uns benutzten Sprache sind.

Die sprachgeschichtlichen Kenntnisse helfen uns auch zu verstehen, warum wir diese oder jene sprachliche Form verwenden, damit wir bestimmte Fragen und Fakten des Sprachgebrauchs erklären können, z. B. Fragen der Rechtschreibung, Grammatik und Semantik sowie stilistische, textologische und pragmatische Fragen: z. B., warum es *iszom (vizet)* ›ich trinke (Wasser)‹ heißt und nicht **iszem*, obwohl wir doch wissen, dass in der ungarischen Sprache das Bestreben nach Beibehaltung der Vokalharmonie recht stark ist.

Die Sprachgeschichte ist auch mit der Kulturgeschichte untrennbar verbunden, weil die Sprache viele kulturgeschichtliche Zeugnisse bewahrt, über die die Zeit hinweggeschritten ist. In jeder beliebigen Sprache finden wir Beispiele für Bezeichnungen von Handwerksberufen, die in dem betreffenden Land und Jahrhundert üblich waren und von denen nur noch der Name erhalten blieb, während das Handwerk selbst von der modernen Industrie verdrängt wurde: z. B. *gelencsér* ~ *gerencsér* ›Töpfer‹, *kádár* ›Fassbinder, Böttcher‹, *pintér* ›Fassbinder‹. – Die Sprache ist auch ein unverzichtbares Mittel, um die alte Glaubenswelt kennen zu lernen, denn sie hat die Vergangenheit bewahrt, während die alten Bräuche verschwunden sind.

Dieses Büchlein möchte eine gewisse Orientierung in den erwähnten Fragen bieten. Es möchte (zumindest an einigen Punkten) zum besseren und tieferen Verständnis der Vergangenheit und Gegenwart der ungarischen Sprache beitragen und über die Sprache auch einen Einblick in das Leben und die Kulturgeschichte des Volkes gewähren.

Schließlich wird noch ein Abschnitt des ältesten ungarischsprachigen Textes vorgestellt, der sog. Grabrede, einer bei einem Begräbnis gehaltenen Ansprache (im Anhang im Faksimile und paläografischer Transkription). Seither sind mehr als 800 Jahre vergangen. Die ungarische Sprache hat sich sehr verändert, auf allen Ebenen des Sprachsystems, und gleichzeitig lebt vieles im Wesentlichen unverändert weiter bis in unsere Tage. Diese für alle Sprachen typische Tradierung ist die Erklärung dafür, dass wir – im Besitz gewisser sprachgeschichtlicher Kenntnisse – diesen Text aus dem 12. Jahrhundert auch heute recht gut verstehen, was hoffentlich bei den im Ungarischen Bewanderten im nächstfolgenden Jahrhundert so bleiben wird.

Vorliegende Arbeit stellt also die ungarische Sprachgeschichte nicht chronologisch dar. Deshalb wird dem Leser im Anhang 1 auch ein kurzer chronologischer Überblick über die 3000-jährige Geschichte der ungarischen Sprache gegeben.

In den Anhängen 2 bis 4 werden alte ungarische Sprachdenkmäler vorgestellt: »Grabrede und Bittgebet«, das erste erhaltene Textdenkmal in ungarischer Sprache (zwischen 1192 und 1195), die

»Altungarische Marienklage«, das erste erhaltene Gedicht in ungarischer Sprache (vor 1300) und die »Laskai-Zeilen«, das erste ungarischsprachige gereimte Gebet (ein Text vermutlich aus dem 14. Jahrhundert, der in einer Abschrift von 1433 erhalten blieb). Dass sie die ersten »erhaltenen« Sprachdenkmäler sind, muss deshalb hervorgehoben werden, weil vermutlich auch schon früher und zeitgleich weitere ungarischsprachige Texte entstanden sind, die in den wechselvollen Jahrhunderten der ungarischen Geschichte verloren gingen oder eventuell bis heute irgendwo verborgen sind. Alle Anzeichen deuten darauf hin, dass im 10.–14. Jahrhundert die ungarischsprachige Schriftlichkeit viel weiter verbreitet war, als wir aufgrund der erhaltenen Sprachdenkmäler annehmen würden.

Anhang 5 enthält die Dichtung *Szózat* (Zuspruch, 1836) des großen ungarischen Dichters der Romantik Mihály Vörösmarty mit deutscher Übersetzung.

Budapest, im Juli 2002 *Mária D. Mátai*

I. SPRACHGESCHICHTE UND KULTURGESCHICHTE

In der Sprache (in der jeweiligen Synchronie) hinterlassen nicht nur die früheren Sprachvarianten Spuren, sondern sie ist auch ein vorzüglicher Spiegel des Volkslebens und der Kulturgeschichte. »Die Sprache ist der Kultur eines Volkes reichstes Archiv, [das] lebt und sich erinnert« (Tompa 1948, 155).

Wodurch ermöglicht sie das? Alles, was im Leben, in der Umgebung, der Tätigkeit, dem Denken, den Bräuchen usw. eines Menschen geschieht, spiegelt sich auch in der Sprache wider. Vor allem der Wortschatz und der Bestand an Ausdrücken, die Phraseologie, folgen den Veränderungen des Lebens. Aber sie folgen ihnen nicht nur, sie bewahren auch vieles von den Ereignissen früherer Zeiten. Ein Gegenstand, ein Begriff, ein Beruf, eine Modeerscheinung usw. (irgendeine Komponente der materiellen und geistigen Kultur) können aus dem Leben verschwinden, in der Sprache aber bleiben die sie betreffenden Wörter oder Ausdrücke sehr oft erhalten. Aus diesen sog. sprachlichen Relikten können wir – unter Anwendung der entsprechenden Methode – auf die von ihnen zum Ausdruck gebrachte frühere Wirklichkeit zurückfolgern.

Beim Kennenlernen und Erschließen der Kulturgeschichte sind neben der historischen Sprachwissenschaft eine ganze Reihe anderer Wissenschaften beteiligt. Als erste kommt uns wohl die Geschichtswissenschaft in den Sinn (zusammen mit ihren vielen sog. Hilfswissenschaften), vieles aber klärt auch die Volkskunde, und wenn wir in frühere Zeiten zurückgehen wollen, die Archäologie; viele Beiträge zum Kennenlernen alter Zeiten liefern die Anthropologie, die historische Zoologie und Botanik, die historische Geografie, aber auch die Naturwissenschaften (Physik, Chemie und Medizin) kommen uns zur Hilfe. Nur ein komplexes, vielseitiges Herangehen kann zum Ergebnis führen. Aber auch dann dürfen wir unsere Erkenntnisse nur mit angemessener Bescheidenheit, ohne lautstarke Allwissenheit formulieren – vor allem, wenn wir uns zu vorgeschichtlichen Fragen äußern, wenn wir ein Bild von den kulturellen Verhältnissen der Epochen ohne Schriftlichkeit und Sprachdenkmäler, beispielsweise der finnougrischen oder urungarischen Zeit, skizzieren wollen. Denn in diesem Themenkreis sind wir oftmals auf Hypothesen angewiesen, in diesem Bereich sind noch viele Fragen offen.

In den Kulturbegriff beziehen wir die materielle Kultur oder Sachkultur mit ein – das technische Niveau, das der Mensch entwickelt und in seinen Dienst gestellt hat; die Produktionsverfahren, die Geräte, Berufe usw. –, ebenso aber auch die geistige Kultur, also die gesellschaftlichen Bewusstseinsformen, das Glaubensleben, die Religion, das Recht, die Künste usw.

Die Arbeit des Sprachwissenschaftlers lässt sich mit der des Paläontologen vergleichen. Dieser schließt aus den versteinerten Abdrücken auf die Tier- und Pflanzenwelt alter erdgeschichtlicher Zeiten, der Sprachhistoriker wiederum versucht aus dem Wort- und Ausdrucksbestand (als »Abdrücken«) möglichst viel von den Kulturprozessen, dem jeweiligen Zustand und den Veränderungen der Kultur zu erfahren.

1. Etymologie und Kulturgeschichte

Aus kulturgeschichtlicher Sicht ist einer der wichtigsten Zweige der historischen Sprachwissenschaft die Etymologie, die Erforschung der Wortherkunft. – Aus der fachgerechten Untersuchung uralter ungarischer Wörter können wir auf die uralte Kultur, d.h. auf die Lebensweise, die Verwandtschaftsverhältnisse, die Glaubenswelt usw. der Vorfahren in der Zeit des Zusammenlebens mit den Sprachverwandten zurückschließen. Mit Hilfe des etymologischen Wörterbuches *A Magyar Szókészlet Finnugor Elemei* (MSzFgE, Finnougrische Elemente des ungarischen Wortschatzes) können wir die Wörter bestimmter Begriffskreise sammeln und untersuchen, z. B. Namen von Körperteilen, Zahlwörter, Verwandtschaftsnamen. 1986–1988 ist auch ein weiteres etymologisches Wörterbuch erschienen: Károly Rédei: *Uralisches Etymologisches Wörterbuch* (UEW). Interessant und wertvoll an ihm ist, dass es nicht nur die uralten (aus uralischer, finnougrischer bzw. ugrischer Zeit stammenden) Wörter enthält, die sich auch in der ungarischen Sprache finden, sondern alle Wörter, die sich – mittels der historisch-vergleichenden Methode – für eine der Grundsprachen rekonstruieren lassen. Dieses Wörterbuch ist auch aus kulturgeschichtlicher Sicht eine wahre Fundgrube.

2. Die Erbwörter

a) In den aus uralischer und finnougrischer Zeit stammenden ungarischen Wörtern der verschiedenen Begriffskreise entfaltet sich das Bild der Naturalwirtschaft: Die Wörter *hal* ›Fisch‹, *háló* ›Fischnetz‹, *fal* ›Fischsperre‹, *fon* ›flechten (bezogen auf das Fischnetz)‹ usw. sowie *nyíl* ›Pfeil‹, *íj* ›Bogen‹, *ideg* ›Sehne‹, *ín* ›idem‹, *les* ›lauern/Anstand (Jagd)‹ usw. verweisen darauf, dass Fischfang und Jagd wichtige Quellen der Nahrungsbeschaffung waren. Außer der Sprachgeschichte belegen auch archäologische Funde, dass in den Zeiten vor 3000 v. Chr. Jäger mit dem Bogen auf Beute zogen: Steinerne und beinerne Pfeilspitzen und Harpunen blieben erhalten. Gyula László beleuchtet – im Zusammenhang mit *íj* – sehr interessant die Methodologie der komplexen Forschung. Ungeachtet der Schwierigkeiten der Lautkongruenz (vgl. TESz., EWUng.) behauptet er mit großer Sicherheit, dass *íj* uralischer Herkunft ist, das Wort ebenso wie der Gegenstand; zum einen, weil man ohne Bogen nicht jagen kann, zum andern, weil die Archäologen im Ural auch Holzbogen gefunden haben. Auf das frühe Vorkommen des Bogens weist auch hin, dass in der Schöpfungssage der Wogulen (Mansi) Numi Torem, der Hauptgott der Wogulen und Ostjaken (Chanti), selbst die Menschen die Bogenfertigung lehrte. Folglich war der Bogen unbedingt eines der ältesten Geräte des uralischen Menschen. Diese Behauptung wird auch von der Methode bestätigt, die Wörter zusammengehörender Begriffe gemeinsam zu untersuchen: *íj, ideg, ajz* ›spannen‹, *nyíl, ín, lő* ›schießen‹, *les, repül* ›fliegen‹ usw. (László 1977, 25). Hinzuzufügen wäre, dass die Verfertigung des Bogens, seine technische Ausführung und sein Gebrauch sich im Laufe der Zeiten sehr viel weiterentwickelt haben, das Wort selbst aber leider nichts davon verrät. Da helfen Archäologie und Ethnografie weiter (vgl. Bartha 1988, 54).

Die Speisen wurden auf dem Feuer (*tűz*) gekocht (*főz*). Auch *faz(ék)* ›Topf‹ ist ein uralisches Wort; es weist darauf hin, dass das gebrannte Tongefäß in diesem frühen Abschnitt der Jungsteinzeit eine revolutionäre Neuerung war. Auch dies belegen die bei Ausgrabungen gefundenen Gefäßbruchstücke. Finnougrischer Herkunft ist *varr* ›nähen‹, und auch Nähnadeln gehören zu den Funden (vgl. Fodor 1975, 1982). – Interessant ist auch die Untersuchung der die Wohnung betreffenden Wörter: *ház* ›Haus‹, *lak* ›Wohnung‹, *ajtó* ›Tür‹, *ágy* ›Bett‹ usw. Man muss jedoch immer auch auf den Gegenstand achten, den das Wort benennt (»Wörter und Sachen«). Der Gegenstand, die Sache, ändert sich nämlich im Laufe der Jahrtausende, wir aber wollen die grundsprachliche, uralte Bedeutung des Wortes, die damaligen Eigenarten des Gegenstandes kennen lernen. Das Haus beispielsweise veränderte sich von der Erdhütte über das halb in die Erde eingegrabene bis zum ebenerdigen, mit Wänden umgebenen Haus, während »das Wort zählebig ist« (László 1977, 35). – Die Untersuchung der uralten ungarischen Metallnamen verlangt ebenfalls große Umsicht. Ein uralisches Wort ist *vas* ›Eisen‹ (vgl. TESz., UEW 560), daraus können wir aber nicht auf Metallbearbeitung in uralischer Zeit folgern. Mit diesem Wort bezeichnete man in uralischer Zeit vermutlich die in Sümpfen, Seen und Mooren zu findende braune Verfärbung, das Raseneisenerz (Fodor 1975, 53); verwandtsprachliche Bedeutungen verweisen darauf, dass die Bedeutung vielleicht ›Kupfer‹ war. (Die Eisenbearbeitung, archäologisch: Eisenzeit, ist auf etwa 3000 Jahre später, ins 8.–7. Jahrhundert v. Chr. zu datieren; Fodor ebd.). – Die Wörter *ón* ›Zinn‹ und *ólom* ›Blei‹ sind jünger, sie stammen wie vielleicht auch *arany* ›Gold‹ aus finnougrischer Zeit und weisen tatsächlich schon auf Metallbearbeitung, auf den Beginn des selbstständigen Metallhandwerks hin. Metallgegenstände sind auch unter den archäologischen Funden belegt. Lebensweise und Wirtschaftsform der Vorfahren der Ungarn haben sich nämlich zur Zeit des Auseinanderfallens der finnougrischen Einheit (um 2000 v. Chr.) wesentlich geändert. Neben der Metallbearbeitung ist die andere Komponente dieser »wirtschaftlichen Revolution« der Übergang von der Natural- zur Produktionswirtschaft. Im 2. Jahrtausend v. Chr. spielen Viehzucht und Ackerbau im Leben unserer Vorfahren eine zunehmend größere Rolle.

In ugrischer Zeit (archäologisch: Bronzezeit) weisen auf die Pferdehaltung und das Reiten *ló* ›Pferd‹, *nyereg* ›Sattel‹, *fék* ›Zügel, Zaum‹, *ostor* ›Peitsche‹ und vielleicht *kengyel* ›Steigbügel‹ sowie auch die Ausdrücke *másodfű ló, harmadfű ló* ›Pferd im zweiten bzw. dritten Lebensjahr‹ hin (eine Entsprechung dafür gibt es auch im Wogulischen). Demnach stimmt es nicht, dass die Vorfahren der Ungarn durch die späteren Turkvölker zum Reitervolk geworden seien.

In diesen Begriffskreis gehört auch *zabla*, die Bezeichnung für Pferdegebiss. Aber daraus, dass es im Ungarischen ein slawisches Lehnwort ist, folgt nicht, dass auch die Sache selbst eine Übernahme der Nach-Landnahmezeit – d.h. nach 896 n. Chr. – ist. In ugrischer Zeit war der Name *fék*. Im Besztercei Szójegyzék (um

1350: Bistritzer Wörterliste, 980) fungiert *emlő* als ›Gebiss, Zügel‹. Dies ist das substantivierte Partizip Präsens des uralisch-zeitlichen Wortes mit der Bedeutung ›saugen‹ (es gibt es noch in *csecs-emő* ›Säugling‹, wörtlich ›Brust-Sauger‹, vgl. *csecs-szopó*). Die Bedeutung ›Pferdegebiss‹ hat sich vermutlich dadurch entwickelt, dass das Pferd an dem Eisen in seinem Maul saugen (»emnie«) musste. Das nach-landnahmezeitliche *zabla* ist ein Lehnwort, das die früheren Bezeichnungen verdrängt hat und durch das Kennenlernen einer neuen Gebissart ins Ungarische gelangt ist. In alten ungarischen Gräbern fand man viele schön gearbeitete Pferdegebisse und sonstiges Pferdegeschirr (László 1977, 39–40). – Das Pferd wurde auch zu einem wichtigen Element der Glaubenswelt ugrischer Völker: An ihren heiligen Stätten opferten sie auch später häufig Pferde, und ihre Sagen und Heldengesänge bewahrten die Erinnerung an das einstige Reiterleben (vgl. Domokos [Hrsg.] 1984).

Ähnlich ist es mit dem Wort *kasza* ›Sense‹. Es ist ein slawisches Lehnwort nach der Landnahme, aber das bedeutet nicht, dass die Vorfahren der Ungarn einen solchen Gegenstand nicht gekannt hätten. Auch unter den ugrischzeitlichen Funden gibt es Bronzesensen, nur wurde ihr ursprünglicher Name wahrscheinlich vom (urungarischzeitlichen) aus dem Alttürkischen stammenden *sarló* ›Sichel‹ verdrängt. Mit dem slawischen *kasza* benannten die Ungarn eine neue Sensenart und übernahmen sie im 13. Jahrhundert.

Nach übereinstimmender Feststellung der verschiedenen Wissenschaften haben sich demnach die Vorfahren in ugrischer Zeit auch mit Viehzucht und Pflanzenproduktion beschäftigt.

Um 1000 v. Chr. (am Beginn der Eisenzeit) änderte sich jedoch das Klima, und das mag zum Zerfall der ugrischen Gemeinschaft (um 1000–800 v. Chr.), zum Wandel in der Lebensweise der Völker und zum Verschwinden vieler – zur Viehzucht und Feldwirtschaft gehörender – Wörter geführt haben. Das Territorium der Obugrier wurde langsam zur Taiga, sodass sie gezwungen waren, mit der entwickelteren Produktionswirtschaft aufzuhören; sie begannen wieder, von Fischfang, Jagd und Sammeln zu leben. Auch die Vorfahren der Ungarn, die Urungarn, wurden – allerdings südlicher als die Obugrier – gezwungen, in Anpassung an das Klima ihre Viehzucht zu entwickeln: Die große Neuheit war der Übergang zur wandernden-weidenden (nomadischen) Viehzucht (bisher hatte man das Vieh im Stall gehalten). Im Wesentlichen war dies das Charakteristikum der Wirtschaft auch der anderen Völker in den eurasischen Steppen und Ödgebieten. (Das Wort *nomadisch* hat keine pejorative Bedeutung!) Der Feldbau aber wurde in der ersten Periode der urungarischen Zeit, in der sog. Urheimat im Uralgebiet, in den Hintergrund gedrängt (obwohl die Sesshaftigkeit zwischen den Wanderungen Möglichkeiten zur Bodenbearbeitung bot; vgl. Veres 1972; Fodor 1975, 1982, 1992).

Das Entstehen des Volksnamens (Ethnonyms) *magyar* ›Ungar, ungarisch‹ belegt die Selbstständigwerdung des ungarischen Volkes und seiner Sprache, die Existenz gemeinsamer Kulturmerkmale, das Zusammengehörigkeitsbewusstsein und die Absicht, sich von anderen zu unterscheiden. So blicken das ungarische Volk und seine Sprache auf eine etwa 3000-jährige Vergangenheit zurück. Man kann sagen, dass das ungarische Volk zu den »betagten« Völkern gehört; es ist älter als beispielsweise das englische, französische, deutsche, russische, italienische, spanische, schwedische, polnische und rumänische Volk (vgl. Kiss 1991, 1994).

Mit der Enträtselung der Herkunft des Volksnamens *magyar* haben sich viele Forscher beschäftigt. Sicher ist, dass es sich um eine Zusammensetzung handelt; das Vorderglied ist das ugrischzeitliche Wort ›Mensch‹, das auch im Volksnamen *manysi* enthalten ist, das Hinterglied *eri* ›Mann, Mensch‹ stammt aus finnougrischer Zeit. Die Zusammensetzung *magyeri* entstand wahrscheinlich am Ende der ugrischen oder zu Beginn der urungarischen Zeit als Name des selbstständig gewordenen ungarischen Volkes; später trat Lautanpassung in beiden Richtungen ein, bis es zwischen beiden Lautformen zu einer Bedeutungsteilung kam: *magyar* wurde zum Volksnamen und *megyer* (z. B. in *Békásmegyer*) zum Stammesnamen.

b) Unter den Wörtern uralter Herkunft verraten auch die Verwandtschaftsnamen viel von den alten gesellschaftlichen Verhältnissen. An ihnen zeichnet sich – bei angemessener methodischer Analyse – das System der uralten Familienbeziehungen ab: *atya* ›Vater‹, *anya* ›Mutter‹, *fiú* ›Junge, Sohn‹, *öcs* ›jüngerer Bruder‹, *férj* ›Ehemann‹, *ángy* ›Schwägerin‹, *nő* ›Frau‹, *meny* ›Schwiegertochter‹, *vő* ›Schwiegersohn‹, das ausgestorbene *atval* ›Stiefvater‹ usw. (vgl. Szabó 1980; J. Lőrinczi 1980). Ugrischzeitliche Gräberfelder lassen die Annahme zu, dass die Grundeinheit der ugrischen Gesellschaft die Familie (vermutlich die mehrere Generationen umfassende Großfamilie) war und die verwandten Familien eine Sippe bildeten. Der Name der Sippe kann das aus dem Finnougrischen stammende *had* gewesen sein (< **kunta*). Auch heute benutzt man es in einzelnen Gegenden als Benennung der zusammenlebenden Großfamilien oder verwandten Kleinfamilien (vgl. NéprLex.); mit diesem Wort identisch ist auch der Volksname *chanti.* (Das Wort *had* findet sich auch in *hadnagy* ›Leutnant‹, einer Zusammensetzung aus einer unbezeichneten Possessivkonstruktion, eventuell mit der ursprünglichen Bedeutung ›Heereskommandant, Heerführer‹; vgl. *várnagy* ›Burgvogt‹, *fónagy* = *falunagy* ›Dorfvogt‹). – Auch das aus dem Uralischen stammende *szer* ›Ordnung, Reihe‹ konnte in ugrischer Zeit die Sippe bzw. die Sippensiedlung bezeichnen (diese Bedeutung gibt es im Wogulischen und Ostjakischen auch heute; vgl. TESz./EWUng., UEW). Dieses Wort ist im Ungarischen zur Grundlage einer reichen Wortfamilie geworden. Wahrscheinlich sind in diesen Bedeutungskreis auch die uralten Wörter *faj* ›Gesamtheit der Nachkommenschaft, Geschlecht, (ab 18. Jahrhundert) Rasse‹ und *nem* ›Geschlecht, Sippe‹ (vgl. *nemz* ›zeugen‹, *nemzet* ›Nation‹, *nemes* ›Adliger, adlig‹ usw.) einzubeziehen (vgl. Balázs 1975).

c) Spannend, aber in vielerlei Hinsicht auch problematisch ist die Frage des finnougrischen Zahlen- und Zahlwortsystems. Gegenüber den früheren Vorstellungen von einem Sechser- oder Siebener-Zahlensystem in finnougrischer Zeit halten die Forscher in neuerer Zeit eher das Zehner-Zahlensystem für wahrscheinlich. Darauf verweist die Existenz von *száz* ›hundert‹ in finnougrischer Zeit (indoeuropäisches Lehnwort); auch *tíz* ›zehn‹ ist wahrscheinlich uralt, aus ugrischer Zeit (iranisches Lehnwort); vielleicht ist auch *ezer* ›tausend‹ von uralter Herkunft. – In den finnougrischen Sprachen sind nur die ersten sechs Zahlen der Zahlenreihe gemeinsam (*egy* ›eins‹ verdient besondere Aufmerksamkeit; vgl. TESz./EWUng., UEW). Die Zahlen *hét* ›sieben‹ und *nyolc* ›acht‹ sind ein Erbe aus ugrischer Zeit (über die etymologischen Probleme s. TESz./EWUng., MSzFgE, aber auch seither sind neue Überlegungen entstanden), *kilenc* ›neun‹ stammt aus urungarischer Zeit, hat aber eine uralte Konstruktion. – Die Verdopplung von *tíz*, *húsz* ›20‹, ist ein finnougrisches Wort, das ursprünglich vielleicht die Bedeutung ›Mensch, Mann‹ hatte, auf der Basis, dass die Zahl der Finger und Zehen des Menschen zusammen 20 beträgt (im Übrigen benutzte man auch früher die Hände zum Zählen). Die Bedeutungsentwicklung ›Mensch‹ → ›20‹ ist in der finnougrischen Zeit vor sich gegangen. Die Zahl *harminc* = ›dreimal zehn‹ kann eine urungarische Zusammensetzung sein, *negyven* ›40‹, *ötven* ›50‹, *hatvan* ›60‹, *hetven* ›70‹, *nyolcvan* ›80‹ und *kilencven* ›90‹ sind ähnliche Zusammensetzungen, deren Hinterglied *-van/-ven* ›zehn‹ ein

Wort aus finnougrischer Zeit ist (vgl. MSzFgE *hatvan*). – Es gibt also noch viele offene Fragen, sodass die Zahlwörter sicher auch den späteren Generationen viel Kopfzerbrechen bereiten werden (vgl. Honti 1993).

Im Zusammenhang mit diesem Thema soll auch die Geschichte von *olvas* ›lesen‹ noch dargestellt werden: Es ist ein Wort finnougrischer Herkunft (mit dem uralten Frequentativsuffix *-s*) mit der ursprünglichen Bedeutung ›zählen‹. Diese existiert auch noch in mehreren heutigen Mundarten (*megolvassa a pénzt* ›er zählt das Geld‹). Die Bedeutungsentstehung ›lesen‹ (aus ›zählen‹) erklärt sich daraus, dass man sich die einzelnen Buchstaben eines schriftlichen Textes nacheinander vornimmt (auf eine Bedeutungsentwicklung bzw. Zusammenhänge ähnlicher Art verweisen russisch *читать* ›lesen‹ und *считать* ›zählen‹; lateinisch *legere*, deutsch *lesen* ›zusammensammeln‹ → ›lesen‹; vgl. TESz./EWUng.). Die grundsprachliche Entsprechung von *olvas* mag nicht nur die Bedeutung ›zählen‹ gehabt, sondern auch das Substantiv ›Zahl‹ bezeichnet haben; dieses ungarische Wort kann also zu den sog. Nomenverben wie *les* ›lauern/Anstand (in der Jägersprache), lauern/Versteck‹, *fagy* ›frieren/Frost‹ und *nyom* ›drücken/Spur‹ gehört haben. Das heutige *szám* ›Zahl, Nummer‹ ist ein alttürkisches Lehnwort aus urungarischer Zeit, ebenso wie *betű* ›Buchstabe‹. Das Verb *ír* ›schreiben‹ kann vielleicht schon eine frühere türkische Übernahme sein, aus ugrischer Zeit; seine ursprüngliche Bedeutung war wahrscheinlich ›eine Schrift in Holz oder Stein schneiden, Linien ziehen, zeichnen‹ (MSzFgE).

Nun interessiert uns, welche Schlussfolgerungen wir aus all dem und aus weiteren Umständen auf das Schriftsystem der Vorfahren der Ungarn ziehen können. Sicher ist, dass sich das Schreiben mit lateinischen Buchstaben nach der Landnahme eingebürgert hat, als die Ungarn in den europäischen Kulturkreis eintraten und von den hiesigen kulturellen Beziehungen beeinflusst wurden. (Auch ihre Eigenheiten kennen zu lernen ist wichtig.) Aber die Kerbschriftfunde weisen darauf hin, dass die Ungarn auch schon früher ein Schriftsystem besaßen:

Viele Fachleute und andere Interessierte beschäftigen sich mit der Entzifferung der ungarischen bzw. Szekler Kerbschrift-Denkmäler, mit der Herkunft des Zeichenbestandes, mit der Beziehung der ungarischen Kerbschrift zu den Kerbschriften anderer Völker und mit den komplizierten Zusammenhängen der verschiedenen Kerbschriftsysteme. Sicher scheint zu sein, dass zwischen der szeklerisch-ungarischen Kerbschrift und den türkischen, chasarischen oder sonstigen Kerbschriften keine unmittelbar genetische Beziehung besteht. Vermutlich gehören sie aber zu dem kulturellen Hintergrund, aus dem auch die ungarische Kerbschrift erwachsen ist (vgl. NéprLex.)

Der Stamm des Wortes *rovás,* das Verb *ró,* ist ein Erbe aus finnougrischer Zeit mit der ursprünglichen Bedeutung ›einschneiden, einkerben‹. In Holz (Stock oder Brett), Bein oder Stein schnitt und kerbte man unterschiedliche Zeichen (von rechts nach links): Zahlen und Buchstaben. Auch heute gibt es den Ausdruck: *rója a betűket* ›er schreibt (eigtl.: er kerbt die Buchstaben ein)‹. Die mit Vieh handelnden Vorfahren merkten sich auf diese Weise die Veränderungen ihres Besitzstandes. Im Mittelalter benutzte man die Kerbzeichen besonders bei der Steuereinnahme und in der Verwaltungsrechnungsführung (NéprLex. *rovás*). Die Registrierung der Steuerzahler, die Steuerveranlagung und -eintreibung, die Registrierung und Streichung der Steuerschulden und -versäumnisse geschahen mittels in Holzstäbe geschnittener Zeichen (TESz./EWUng.): *Sok van a rovásán* ›er hat viel auf dem Kerbholz‹. Sie ähnelten den römischen Zahlen. – Die Zeichen der Kerbschrift konnten aber auch zum »Schreiben« von Wörtern, Sätzen und ganzen Texten verwendet werden. Vielumstrittene Inschriften befinden sich z. B. auf einzelnen Stücken des Schatzes von Nagyszentmiklós: Dieser aus 23 Goldgefäßen bestehende Schatzfund stammt vom Ende des 8. oder vom Anfang des 9. Jahrhunderts (und liegt gegenwärtig im Wiener Kunsthistorischen Museum). Eine große Sensation war der Fund des beinernen Nadelbehälters mit Kerbinschrift von Szarvas. Es hat mehrere Versuche gegeben, die auf vier Seiten befindliche Kerbinschrift zu lesen und zu entziffern. Nach einer Deutung befindet sich auf allen vier Seiten ein mit der Nadel eingekratzter türkischer (Róna-Tas 1985), nach der anderen ein ungarischsprachiger Text (Vékony 1987; Szili 1990); eine Meinung besagt, dass auf zwei Seiten eine türkische und auf zwei Seiten eine ungarische Inschrift steht (Harmatta 1990). Nach der rein ungarischen Deutung handelt es sich um einen Reim zur Vertreibung von Geistern. Wenn dies stimmt, wäre es das erste ungarischsprachige Sprachdenkmal, noch vor der Grabrede. Aber alle Deutungen werfen viele Probleme auf und sind umstritten. Die ganze Frage hat weit gehende ungarisch-urgeschichtliche Konsequenzen, deshalb ist – auch bei umfassender Sachkenntnis – Vorsicht angebracht.

d) Von den Elementen des Wortschatzes, von seinen etymologisch zusammenhängenden Gruppen werden auch zahlreiche Details der uralten ungarischen Glaubenswelt beleuchtet. Die Elemente des uralten Schamanenglaubens hat Vilmos Diószegi in den Folkloreelementen der ungarischen, finnougrischen (und anderen, sibirischen) Völker nachgewiesen (vgl. Diószegi 1962), und Dezső Pais hat in einer Reihe von der Sprachwissenschaft ausgehender Studien versucht, die Eigenheiten des ungarischen Urglaubens herauszuarbeiten (vgl. Pais 1975). Der Glaube der Ungarn vor der Annahme des Christentums war der Schamanismus. Im Uralgebiet ist er – aus Felszeichnungen – schon in der Bronzezeit (also aus ugrischer Zeit) nachzuweisen. Das Wort *sámán* ›Schamane‹ wird wohl erst im 18. Jahrhundert als internationales Wort ins Ungarische gelangt sein. Der uralte Name war *táltos*, ein Wort, dessen Stamm in ugrische Zeit zurückverfolgt werden kann: Damals bedeutete es wahrscheinlich ›Zauberkraft, Zauberei‹ und mit Adjektivbildungssuffix *-s* versehen (*táltos*) ›mit Zauberkraft begabt‹. Dieses Adjektiv wurde in substantivierter Form zum »Berufsnamen«: es bezeichnete den – durch übernatürliche Kräfte und Wesen – auserwählten »Zauberer«, der in Trance fallend die Geister herbeirief, um das Feuer tanzte, sich drehte, trommelte und sang. Zu den Merkmalen seiner Berufung gehörten auch körperliche Unregelmäßigkeiten (z. B. mehr Zähne, sechs Finger), Kampf mit verschiedenen Tieren und die Fähigkeit, sich in verschiedene Tiere zu verwandeln (TESz./EWUng., NéprLex.). Er unterhielt Kontakte zu den übernatürlichen Wesen, konnte wahrsagen und auch heilen. Darauf mögen die aus dem Adjektiv ugrischer Herkunft *jó* ›gut‹ stammenden Wörter *jógul – jógit* ›gut werden und gut machen‹ bzw. *gyógyul – gyógyít* ›heilen (intr. und trans.)‹ sowie *javas* ›Quacksalber‹ und *jós* ›Wahrsager‹ hinweisen. *Javas* ist die durch Wortspaltung getrennte Variante von *jós* (vgl. *savas – sós*). Die Grundlage seiner Entstehung war vermutlich die Bedeutungsschattierung ›gesund‹ des Adjektivs *jó*; auch die ursprüngliche Bedeutung der Ableitungen *jobbul, javul, javít* war ›gesunden, heilen‹. Den Ausdruck *jól vagyok* ›es geht mir gut‹ gibt es auch heute in der Bedeutung ›ich bin gesund‹; auch wenn wir einem Kranken *jobbulást* wünschen, denken wir an seine Besserung, Gesundung.

Den heilenden Zauberer löst später der *orvos* ›Arzt‹ ab, ein alttürkisches Lehnwort aus finnougrischer, eventuell urungarischer Zeit, das ebenfalls ursprünglich die Bedeutung ›Zauberer‹ gehabt haben und dann über die Praxis des Gesundbetens zur Benennung des heilenden Arztes geworden sein kann.

Einen Bezug dazu haben auch *látó* und *néző*. Nach altungarischen Angaben gehörten wohl auch sie zum Themenkreis der Zauberei und Prophezeiung, zum Ausdrucksbestand des ungarischen Urglaubens (Präsenspartizipien uralter Verben, die zu Substantiven mit der Bedeutung ›Zauberer‹, dann ›Wahrsager, Vision Schauender, Prophet‹ wurden). Beispiele: Virginia Kodex 5: »Vetkeztem mert *nezwnek*, varasosnak, byeseknek baiosoknak hitem« (vor 1529; Vétkeztem, mert *nézőnek*, varázsosnak, bíjeseknek-bájossoknak [vgl. *bűbájos* ›Zauberer, Hexe‹] hittem) = Ich habe gesündigt, weil ich ihn für einen Seher, Zauberer, Hexer gehalten habe); auch im Gyöngyöser Wörterbuchfragment um 1560: »Jőuendő mondo uarazlo: *neező*« = Wahrsagender Zauberer: Seher. Dem *látó* begegnen wir bei Eigennamen in Urkunden: 1346: *Lathow* (vgl. Pais 1975, 254). – Dort findet sich auch die folgende aufschlussreiche Angabe: »*Nemelh*, filius Latamas«: *Latamas* ist ein dem *látomás* ›Erscheinung‹, also *látó* ähnelnder Name. Und der Sohn des *Latamas* heißt *Nemelh*, also *nem-él* ›Lebt-nicht‹. In diesem Fall handelt es sich um einen sog. Schutznamen. Diese uralte Art der Namengebung wurzelt in dem Glauben, dass die bösen Geister dem Kind schaden können; deshalb wird dem Neugeborenen ein »verneinender« Name gegeben: 1138/1329: *Mawag* (ma [= most ›jetzt‹] vagy oder van ›gibt es dich/ihn‹); 1211: *Numuolou* (›Wen es nicht gibt‹) usw., oder man gibt dem Kind einen »hässlichen« Namen, z. B. 1138/1329: *Nue* (= *nyű* ›Wurm‹; ein Wort aus finnougrischer, eventuell uralischer Zeit).

Auch durch das In-Trance-Fallen des Schamanen bzw. das Verb *révül* und seine ausgedehnte Wortfamilie lässt sich vieles im Zusammenhang mit der Glaubenswelt erschließen (Pais 1975, 15–33, 109–142). Zu dieser Familie gehören *rekeszt* ›hemmen, stocken‹, *rekken* ›ersticken‹, *rejt* ›verstecken‹, *rege* ›Sage‹, *régen* ›lange, längst‹, *részeg* ›trunken, betrunken‹ usw. Der uralte Stamm (finnougrischer oder uralischer Herkunft) könnte das Nomenverbum **rek-* ›Wärme, Hitze‹ und ›warm werden, erhitzen (intr. und trans.)‹ gewesen sein. Der von übernatürlichen Geistern besessene, am Feuer tanzende, sich erhitzende und auch von betäubenden Mitteln in Verzückung versetzte Schamane sprach in solchem Zustand zu den Teilnehmern der Zeremonie. Darauf mag auch *reg*, *rege* verweisen: außer ›in Verzückung gehaltene Rede bzw. ein solcher Zustand‹ kann es auch ›Zauber, Rausch‹ bedeutet haben; daraus wurde ›Zaubergesang‹ und dann allgemein ›Lied‹. Ableitungen können *regél* ›fabeln‹, *regöl* ›mit Gesang unterhalten, Sage erzählen‹ sein, die zuerst ebenfalls zum Begriffskreis der Verzückung gehört haben können. Das *révül* und seine Gefährten wurden nach Zeugnis der ungarischen Kodexliteratur in der christlichen Kultur des Mittelalters zu Ausdrücken der seelischen Begeisterung. Es lebt verwurzelt im ungarischen Volksleben in dem berühmten Brauch *regőlés* ›Dorfhäuser am Feiertag mit Sprüchen besuchen‹ weiter, der bei den Tschango-Ungarn in der Moldau in *hejtegetés* eine Entsprechung hat (ebenfalls ein uraltes Wort; vgl.: *Hej, regü rejtem …*). – Auch *részeg* gehört in diese Gruppe; ursprünglich wies es auf den Zustand des in Verzückung geratenen Schamanen hin.

Vielleicht ist auch das aus urungarischer Zeit stammende Verb alttürkischer Herkunft *őrül* ›wahnsinnig, verrückt werden‹ mit der Verzückung und Trunkenheit des *táltos* in Verbindung zu bringen (identisch mit *őröl* ›mahlen, zerkleinern‹ vgl. TESz./EWUng.), wahrscheinlich mit der ursprünglichen Bedeutung ›sich drehen‹. Die Bedeutung des Wortes beruht auf der häufig kreisenden, schwindelnden, kreisförmigen Bewegung von Menschen im verzückten Zustand oder von psychisch Kranken; vgl. *kerge* ›drehkrank (Schaf)‹, *megkergül* ›drehkrank werden‹. Auf die Verbindung von ritueller Verzückung und Verrücktheit verweist *agyafúrt* ›durchtrieben, gerissen‹. Es kann ein Kompositum aus urungarischer Zeit sein: Ursprünglich standen zwei Wörter im Subjekt-Prädikat-Verhältnis (*az ember agya fúrt* ›das Gehirn des Menschen ist angebohrt‹: Partizipialprädikat). Die ursprüngliche Bedeutung von *agyafúrt* war ›mit trepaniertem Schädel‹ und mag sich auf die Schädeltrepanationen bezogen haben, mit denen der Schamane die Heilung Verrückter versuchte (ausführlicher vgl. Pais 1975, 7–10). Unter den archäologischen Funden gibt es auch viele Trepanationen, Schädel mit Löchern. Komposita ähnlichen Aufbaus, aber großenteils schon anderer Bedeutung im alten Ungarischen sind: *fúrtagyú, fúrtagyas, fejefúrt, fúrtfejű, fúrtvelejű, eszefúrt*. Die seit Anfang des 17. Jahrhunderts nachweisliche Bedeutung ›schlau, klug‹ kann in Verbindung zu der Raffiniertheit stehen, die sich an Verrückten oft beobachten lässt. Auf seine Entstehung wirkte auch *fúrfangos* ›schlau, gewitzt‹ ein (vgl. TESz./EWUng.).

Bei Schamanenzeremonien, verschiedenen Zauberfesten und mit Opfern verbundenen Feierlichkeiten war nicht nur Trinken (Verzückung, Betrunkenheit), sondern auch Essen üblich. Auf solche Festessen wird sich ursprünglich das Wort *tor* ›Festschmaus; Schlachtfest‹ aus ugrischer Zeit bezogen haben (dessen Ableitungen sind z.B. *torok* ›Kehle‹ und *torkos* ›naschhaft‹; vgl. noch *disznótor* ›Schlachtfest‹). Auch bei Bestattungen kann es üblich gewesen sein, Tieropfer zu bringen (Pferd, Rind oder Schaf): Das Fleisch des Opfertieres verzehrte man zu Ehren des Toten am Grab beim *tor*. Grabfreilegungen beweisen, dass dabei auch die Knochen des Tieres bestattet wurden; ins Grab wurde dem Toten Reiseverpflegung ins Jenseits mitgegeben, worauf die Gefäßbeigaben hinweisen (vgl. Fodor 1992, 39). Damit wollte man dem Toten die Ruhe sichern und verhindern, dass er – im Jenseits keine Ruhe findend – Unheil über die Lebenden bringt. Im christlichen Mittelalter war *torlás, megtorlás* ›Vergeltung‹ ein religiöser frommer Brauch der Dankesäußerung. Nach der Bestattung *vergalten*, dankten die Angehörigen des Toten den Priestern mit Speise, Trank und Geschenken dafür, dass sie für das Seelenheil ihres Toten eintraten. Darin versteckt sich die Bedeutung ›Gutes mit Gutem vergelten‹. Als dieser gesellschaftliche Brauch in Vergessenheit geraten war, entwickelte sich daraus die Bedeutung ›vergelten‹ im Sinne von Böses mit Bösem vergelten, wohinter auch der Brauch gestanden haben kann, dass man auch beim Sieg über einen Gegner, bei der Tötung eines Feindes einen Festschmaus feierte. So ist zum Festmahl-Feiern auch das Moment der Rache hinzugekommen und im Wortgebrauch von *torol, megtorol* vorherrschend geworden (vgl. TESz./EWUng.; Pais 1975, 11–14; z.B.: Debrecener Kodex 25: »*meg* kelh az e Atiamfyai halalat *torolnom*« (um 1519): ›eine Untat, ein schweres Gravamen als moralische Pflicht rächen, bestrafen‹ (vgl. auch Futaky 2001, 69–75 und 140).

Ein Bestandteil der uralten Glaubenswelt war auch das Tabu, also das Ausspracheverbot bestimmter Namen (*tabu* ist ein internationales Wort, im Ungarischen erstmals in der Bedeutung ›heilige und unverletzliche Sache‹ seit Anfang des 19. Jahrhunderts bekannt), das mit dem Totemkult in Beziehung stand. *Totem*: ›‹bei Naturvölkern› als Vorfahr der Sippe oder des Stammes betrachtete Pflanze, Tier, Gegenstand‹; *totemizmus*: ›uralte Religionsform auf der Basis der Totemverehrung‹ (auch sie sind internationale Wörter, die im 19. Jahrhundert erstmals in ungarischen Schriften vorkommen).

Von Tabus in der Glaubenswelt der ungarischen Vorfahren zeugen eine Reihe von Tiernamen, wie *farkas* ›Wolf‹, *szarvas* ›Hirsch‹ und *medve* ›Bär‹. Der »wahre« Name dieser heiligen, mystisch verehrten Tiere durfte nicht ausgesprochen werden (weshalb sie auch nicht erhalten geblieben sind!), man durfte sie nur umschreiben. Die Stämme uralter Herkunft von *farkas* und *szarvas* erkennen wir auch heute; zu ihnen trat das uralte Suffix *-s* hinzu, das die Versehenheit mit etwas ausdrückte: *farkas állat*, *szarvas állat* ›Tier mit Schwanz bzw. Geweih‹; *medve* ist eigentlich ›Honigesser‹ (urslawischer Herkunft). Vom Bärenkult und den Bärenfesten der obugrischen Völker zeugt reiches Folklorematerial. Auch dort durfte der Name des Bären nicht ausgesprochen werden, weshalb er als *állatöreg* ›Tier-Alter‹, *erdei öreg* ›Wald-Alter‹ bezeichnet wurde (vgl. Domokos [Hrsg.] 1977). – Auch die Grundlage des Sprichwortes »Wenn man den Teufel an die Wand malt, dann erscheint er« ist »die naive Vorstellung, dass das Wort, der Name, magische Kraft hat: Damit, dass wir irgendein schreckenerregendes Wesen mit Namen nennen, beschwören wir es, zwingen wir es also zu erscheinen, eventuell seine schädliche Macht zu entwickeln« O. Nagy ³1979, 381).

Der Totemismus verweist auf den uralten Glauben, dass eine Gemeinschaft, vor allem eine Sippe, sich mit einer Tierart in Zusammenhang bringt (seltener mit einer Pflanze oder einem Gegenstand), ihren Namen trägt und sich oft für die Nachfahren des Tierahnen hält. Auf den Totemismus der heidnischen Ungarn deutet auch die Turulsage hin: Nach der Chronik von Anonymus (12. Jahrhundert) ist Emese im Traum eine Vision in Gestalt eines Habichts erschienen und hat sie geschwängert (vgl. NéprLex. *totemizmus*) Der *turul* ist ein Wort alttürkischer Herkunft: ›‹in der urungarischen Sagenwelt› dem Adler o. Falken ähnlicher Vogel‹; er war der heilige Totemvogel des Arpadenstammes; die heutige Aussprache und Schreibung ist Ergebnis irrtümlicher Lesung im 19. Jahrhundert (TESz./EWUng.). Vogelnamen ähnlichen Charakters sind z. B. *keselyű* ›Geier‹, *karvaly* ›Sperber‹, *ölyv* ›Bussard‹; *ölyv*, das schon in der Gründungsurkunde von Tihany belegt ist (*uluueſ megaia = ölyves megyéje*, also *mezsgyéje, határa* ›Bussardfeld, -flur‹), und wurde aus dem Ungarischen auch ins Rumänische übernommen (TESz./EWUng.).

3. Die Lehnwörter

Neben den Wörtern uralter Herkunft hilft auch das Zeugnis der Lehnwörter viel beim Kennenlernen der ungarischen Vergangenheit. Wenn mit der entsprechenden sprachwissenschaftlichen Methode geklärt wird, in welcher sprachgeschichtlichen Zeit das betreffende Wort von welchem Volk oder aus welcher Sprache übernommen wurde, weiß man auch, in welcher Zeit die Ungarn mit welchen Völkern unter welchen kulturellen Verhältnissen Kontakt hatten.

Beziehungen zu den iranischen Völkern und Sprachen hatten die Ungarn lange Zeit hindurch und schon seit finnougrischer Zeit. Zur ältesten Wortschicht iranischer Herkunft gehören z. B. *tíz* ›zehn‹, *bűz* ›Gestank‹ (dessen Ableitung ist *büszke* ›stolz‹!), *arany* ›Gold‹ und vielleicht *szekér* ›Wagen, Karren‹, *özvegy* ›Witwer, Witwe‹; auf die Viehzucht verweisen *tehén* ›Kuh‹ und *tej* ›Milch‹; zu diesem Begriffskreis gehören *nemez* ›gepresste, zusammengedrückte Wolle; Filz‹ usw. Spätere Übernahmen, aus der Zeit der Wanderungen, sind z. B.: *asszony* ›Frau‹, *híd* ›Brücke‹, *vért* ›Panzer‹, *kard* ›Schwert‹ und vielleicht *verem* ›Grube‹, *gazdag* ›reich‹ usw. Diese wurden von den Alanen, einem iranischen Volk, ins Ungarische übernommen (*kard* wurde später vermutlich aus dem Ungarischen ins Rumänische und gewisse slawische Sprachen übernommen und konnte dadurch zum Wanderwort werden). Auf alanisch-ungarische Sprachkontakte verweisen auch jene Wörter, die aus dem Ungarischen ins Alanische gelangten. Die Nachkommen der Alanen sind die heutigen Osseten; in ihrer Sprache existieren auch heute noch die Entsprechungen z. B. von *kert* ›Garten‹, *tölgy* ›Eiche‹, *részeg*; von *kert* wurden z. B. beide Bedeutungen übernommen: ›umzäunter Platz‹ und ›Umzäunung‹. (Demnach wurde das mit Partizipbildungssuffix versehene Wort *ker-t* schon in urungarischer Zeit zum Substantiv.) Auf die ungarisch-alanischen Beziehungen verweist die Sage, nach der Hunor und Magyar die Töchter des Alanenfürsten Dula raubten (was János Arany in seiner epischen Dichtung *Rege a csodaszarvasról* »Mär vom Wunderhirsch« besingt). – Neben anderen iranischen Sprachen wurden auch aus dem Persischen durch die Handelsbeziehungen Wörter übernommen: *vár* ›Burg‹, *vám* ›Zoll‹ und *vásár* ›Markt‹.

Dem in mehreren Wellen auftretenden iranischen Einfluss (der sich auf mehrere iranische Sprachen bezieht) folgte der türkische. Auch hier handelte es sich um mehrere Turksprachen. Die erste

Welle der Kontakte ist in ugrische Zeit zu verlegen; damalige Übernahmen sind z. B. *hattyú* ›Schwan‹, *hód* ›Biber‹, *ló* ›Pferd‹, *szó* ›Wort‹. Aus ungarischer (bzw. wogulischer und ostjakischer) Sicht sind auch diese uralt, nämlich aus ugrischer Zeit. Der türkische Einfluss verstärkte sich im Laufe der urungarischen Zeit durch das Zusammenleben und die Kontakte mit anderen Turkvölkern. Im Frühabschnitt der urungarischen Zeit, noch im Uralgebiet, gelangten z. B. *homok* ›Sand‹ und *harang* ›Glocke‹ ins Ungarische. Ihr hohes Alter beweist, dass ihr ursprüngliches Anlaut-*k* im Ungarischen – zusammen mit dem Anlaut-*k* finnougrischer Herkunft (vor velaren Vokalen) – an dem in urungarischer Zeit regelmäßigen Lautwandel **k- > χ- > h-* (vgl. *hal, ház, három* usw.) teilgenommen hat.

Seit dem 3.–5. Jahrhundert tauchen im Zuge der Völkerwanderungen immer mehr turksprachige Völker von Osten her in der Nähe der Ungarn auf. Die Urungarn können in der Mitte oder gegen Ende des 5. Jahrhunderts mit Völkern sog. bulgarotürkischer Sprache in Kontakt gekommen sein: Onoguren, Wolgabulgaren, Sabiren oder Türken, Chasaren usw. (vgl. Fodor 1992, 101; Benkő [Hrsg.] 1967, 280). Das Zusammenleben und die Wechselwirkungen werden direkt bis zur Landnahme gedauert haben. Für die Lebensweise und die gesamte Kultur der Ungarn war dieser alttürkische Einfluss sehr bedeutungsvoll. Damals gelangten ziemlich viele (fast 300) wichtige sog. Kulturwörter ins Ungarische. Diese weisen darauf hin, dass – neben der nomadisierenden, wandernden Viehhaltung – der Ackerbau wieder auflebte. Im Laufe des Wanderns ließen sich die Ungarn für kürzere oder längere Zeit nieder. Auf den Ackerbau verweist *eke* ›Pflug‹, auf Getreideanbau verweisen *búza* ›Weizen‹, *árpa* ›Gerste‹, *kéve* ›Garbe‹, *sarló* ›Sichel‹, *szérű* ›Tenne‹, *tarló* ›Stoppelfeld‹, *dara* ›Grieß‹, *őröl* ›mahlen‹ usw. Auch *gyom* ›Unkraut‹ ist alttürkischer Herkunft und verweist auf den Feldbau, denn die nutzlosen Pflanzen mussten nur benannt werden, wenn sie die Erzeugung der Nutzpflanzen, des Getreides, störten. Angebaute Pflanzen waren *borsó* ›Erbse‹, *kender* ›Hanf‹, *komló* ›Hopfen‹ und einzelne Obstarten: *alma* ›Apfel‹, *dió* ›Walnuss‹; auf Weinanbau verweisen *szőlő* ›Trauben‹, *bor* ›Wein‹, *seprő* ›Treber‹ und das Verb *szűr* ›seihen‹ usw.

Den Übergang zu einer höheren Kulturstufe deuten auch die aus dem Alttürkischen (also in urungarischer Zeit) übernommenen Berufsnamen an: *ács* ›Zimmermann‹, *szűcs* ›Kürschner‹, *szatócs* ›Händler‹; die Bezeichnungen für Geräte, Produkte und Techniken:

gyűszű ›Fingerhut‹, *gyárt* ›erzeugen, herstellen‹, *gyúr* ›kneten‹, *gyűr* ›zerknittern‹, *tűr* ›aufstreifen, zurollen‹, *csavar* ›schrauben‹, *teker* ›drehen‹; von den Wörtern der Bekleidung: *ködmön* ›Art Pelzjacke‹, *köpenyeg* ›Hülle‹, *bársony* ›Samt‹, *saru* ›Sandale‹, *csat* ›Schnalle‹, *gyöngy* ›Perle‹, *gyűrű* ›Fingerring‹; *ölt* ›anziehen‹, *illik* ›passen zu etw.‹ usw. Auf die gesellschaftliche Entwicklung, auf das Privateigentum verweisen *barom* ›Vermögen‹, *bér* ›Lohn‹, *kölcsön* ›Kredit‹, *bélyeg* ›dem Vieh aufgebranntes Kennzeichen, Eigentumszeichen‹. – Viele alttürkische Lehnwörter aus der Zeit vor der Landnahme gibt es auch aus dem Bereich des sozialen, moralischen und religiösen Lebens: *törvény* ›Gesetz‹, *tanú* ›Zeuge‹, *gyász* ›Trauer‹; *bölcs* ›Weiser, weise‹, *boszorkány* ›Hexe‹, *sárkány* ›Drache‹; *ige* ›Wort; Zauberwort‹ (vgl. *igéz* ›bezaubern‹), *bűvöl* ›zaubern, behexen‹, *bájol* ›zaubern, quacksalbern‹, *gyaláz* ›schmähen‹, *gyón* ›beichten‹, *bocsát* ›erlassen; vergeben‹ usw. – Auch die Bedeutungsveränderung in diesen Wörtern ist interessant, z. B.: *bölcs* mag ursprünglich ›Zauberer‹ gewesen sein und hat erst nach dem Verschwinden der heidnischen Glaubenswelt seine heutige substantivische und dann adjektivische Bedeutung erhalten. Der Stamm von *bájol* kann ›Seil, Bindung‹ bedeutet haben. Das Binden war allgemeine Praxis beim Zaubern; daran erinnern auch die ungarischen Ausdrücke *meg van kötve a nyelve* (*a keze*) ›ihm sind Zunge bzw. Hand gebunden‹ oder *megoldja a nyelvét* ›ihm die Zunge lösen‹ usw. Das Verb *gyón* ›beichten‹ ist die Ableitung mit Reflexivsuffix *-n* eines türkischen Verbs mit der Bedeutung ›anklagen‹; nach der Annahme des Christentums wurde es über die Bedeutung ›sich selbst anklagen‹ zum religiösen Ausdruck.

Mehrere Wörter weisen auch auf andere Bezüge geistiger Tätigkeit hin: *betű* ›Buchstabe‹, *szám* ›Zahl‹, *ok* ›Grund‹; *idő* ›Zeit‹, *kor* ›Zeitalter‹ usw. Türkischer Herkunft sind viele teils auf äußere, körperliche, und teils auf innere, geistige Eigenschaften hinweisende Adjektive: *kis* ~ *kicsi* ›klein‹, *apró* ›winzig‹, *öreg* ›alt‹; *kék* ›blau‹, *sárga* ›gelb‹, *tar* ›kahl‹; *bátor* ›tapfer‹, *gyarló* ›fehlbar, schwach‹, *gyáva* ›feig‹, *ál* ›falsch‹, *orv* ›schleicherisch, diebisch‹ usw.

Die Ergebnisse der historischen Sprachwissenschaft, der Etymologie, werden oftmals auch von der Ethnografie und der Realiengeschichte gestützt. Beispielsweise ist *bölcső* ›Wiege‹ ein Wort aus dem Alttürkischen. Fraglich ist aber, ob es der Name eines echten Möbelstücks war oder nur der eines stabileren Wickelkissens, wie es die finnougrischen Völker kannten. Die realiengeschichtliche Analyse beantwortet die Frage: Es handelt sich um ein echtes Möbelstück, um eine Rundkufenwiege byzantinischer Herkunft, die die Ungarn durch bulgarotürkische Vermittlung vor der Landnahme übernommen haben. (Sie ist ebenso in Westeuropa verbreitet und auch dort byzantinischer Herkunft; vgl. Barabás 1976.)

Auch in den Jahrzehnten unmittelbar vor der Landnahme wurden türkische Lehnwörter ins Ungarische übernommen, z. B. von den Petschenegen und dann – vor und nach der Landnahme – von den Kumanen: *csődör* ›Hengst‹, *kun* ›Kumane, kumanisch‹, *orosz* ›Russe, russisch‹, *kalauz* ›Wegweiser, Führer‹ usw.; eine in Form und Bedeutung getrennte Variante von *kalauz* ist *kalóz* ›Seeräuber, Pirat‹; die sich ihm anschließende Bedeutung ›Räuber‹ entwickelte sich in der Zeit der Türkenbesetzung, weil sich die zur Wegweisung angeworbenen Führer oft als Schurken erwiesen (vgl. TESz./EWUng.).

Die Türkenbesetzung (16.–17. Jahrhundert) war zugleich die letzte türkische Einflussperiode. Die damaligen Entlehnungen werden osmanisch-türkische Lehnwörter genannt. Dieser Einfluss war weit weniger stark als der alttürkische in urungarischer Zeit. Die Zahl der noch heute existierenden osmanisch-türkischen Lehnwörter liegt bei 30, kann aber früher – laut den Angaben aus Sprachdenkmälern – viel höher gewesen sein. Mit dem Ende der Türkenbesetzung und dem Verschwinden der Begriffe sind viele osmanisch-türkische Wörter ausgestorben. Wir kennen Begriffe aus Militär und Verwaltung, Würdenamen aus der Belletristik und aus Werken historischen Inhalts; wir wissen, wer der *aga* (›Aga, türkischer Offiziersrang‹) *bég* (›türkischer Würdenträger unter dem Pascha‹), *kádi* (›muslimischer Richter‹), *mufti* (›islamischer Gemeindeoberrichter‹, *főmufti* ›Großmufti‹ gibt es auch heute) und der *szpáhi* (›türkischer Reitersoldat‹) war, dass *defter* ›Steuerregister‹ bedeutete und *gyaur* ein ›Ungläubiger, also nicht muslimischer Mensch‹ war, usw. (TESz./EWUng.; Kakuk 1996). – Ein großer Teil der Wörter aus dem Bereich der materiellen Kultur hat die historische Veränderung überstanden und ist auch heute Bestandteil des ungarischen Wortschatzes: *dívány* ›Divan, türkischer Staatsrat‹, *dohány* ›Tabak‹, *kávé* ›Kaffee‹, *kajszi* ›Aprikose‹, *kazán* ›Kessel‹, *pajzán* ›Nichtsnutz; liederlich, frivol‹, *dolmány* ›Dolman‹, *kaftán* ›Kaftan‹, *papucs* ›Pantoffel‹, *tarhonya* ›Art Eiergraupen‹, *basáskodik* ›sich herrschsüchtig, gewalttätig benehmen‹, *harácsol* ›raffen‹ usw. Eine damalige Übernahme war auch *tepsi* ›Backblech‹: Sein

Stammauslautvokal oberer Zungenstellung ist nicht mehr verschwunden, weil diese Lautveränderung bis dahin längst beendet war; bei der Übernahme von *zseb* ›Tasche (in Hose oder Kleid)‹ gab es im Ungarischen den Laut *dzs* noch nicht: Das türkische *dzs* wurde durch *zs* vertreten; *dzs* ist das jüngste Element im ungarischen Konsonantensystem, es kam durch osmanisch-türkische Lehnwörter ins Ungarische, z. B. *findzsa* ›Tasse‹, *dzsida* ›Art Lanze‹, *handzsár* ›Handschar, Art Dolch‹, *szandzsák* ›Sandschak, türkische Militärverwaltungseinheit; Fahne‹, kein Plural (vgl. TESz./ EWUng.).

Die auf ihrer Wanderung immer weiter nach Westen ziehenden Ungarn kamen auch in engere Kontakte zu den Slawen: Wahrscheinlich vor-landnahmezeitliche slawische Lehnwörter sind *Duna* ›Donau‹, *lengyel* ›Pole, polnisch‹, *tanya* ›Einödhof‹, *sátor* ›Zelt‹ usw.

Auch nach-landnahmezeitliche, verschiedenen Zeitschichten angehörende Wörter aus verschiedenen slawischen Sprachen ermöglichen den Nachweis vielfältiger kulturgeschichtlicher Einflüsse. Nach der Landnahme ging in der Wirtschafts-, Staats- und Gesellschaftsorganisation, in der gesamten materiellen und geistigen Kultur der Ungarn eine gewaltige Umgestaltung vor sich. Diese Epochenwende spiegelt sich auch in der Sprache, vor allem im Wortschatz wider bzw. kann aus der Sprache und dem Wortschatz erschlossen werden. Natürlich bieten sich für diese Periode, die altungarische Zeit, auch schon reichlich schriftliche Quellen an. Bei den Wörtern slawischer Herkunft soll nur andeutungsweise auf einige Begriffsfelder hingewiesen werden. Zum kirchlich-religiösen Leben gehören: *apáca* ›Nonne‹, *barát* ›Mönch‹, *karácsony* ›Weihnachten‹, *keresztény* ›Christ, christlich‹, *pap* ›Priester‹, *pokol* ›Hölle‹, *szent* ›Heiliger, heilig‹; zur staatlichen, gesellschaftlichen und jurisischen Sphäre: *asztalnok* ›Truchsess‹, *bajnok* ›(Zwei)-kämpfer‹, *császár* ›Kaiser‹, *király* ›König‹, *parancsol* ›befehlen‹, *pecsét* ›Siegel‹, *perel* ›prozessieren‹; auch viele zu Ackerbau und Viehzucht gehörende Wörter wurden übernommen: *asztag* ›Heuschober‹, *borona* ›Egge‹, *uborka* ›Gurke‹, *abrak* ›Pferdefutter‹, *akol* ›Pferch, Stall‹, *bárány* ›Lamm‹, *galamb* ›Taube‹ usw.

Auch die neben bzw. nach den slawischen ins Ungarische gelangten lateinischen, deutschen, italienischen, französischen, rumänischen usw. sowie die aus dem Ungarischen an andere Sprachen übergebenen Lehnwörter bieten vielfältige kulturgeschichtliche Erkenntnisse. Interessant aus dieser Sicht ist die Frage der

Übernahme der sog. internationalen Kulturwörter und der Lehnübersetzungen sowie natürlich auch die Auswertung der kulturgeschichtlichen Schlussfolgerungen, die sich aus der Gruppierung nach Begriffsfeldern der gemäß den Wortbildungsregeln der ungarischen Sprache entstandenen sog. »Wörter innerer Entwicklung« ergeben (vgl. Bárczi 1963, 73–127; Benkő [Hrsg.] 1967, 259–374; Kiss 1991, 110–114).

4. Bedeutungswandel und Kulturgeschichte

Wir haben gesehen, dass wir, wenn wir aus den alten Wörtern (gleich welcher Herkunft) auf die damaligen Charakteristiken der Kultur schließen wollen, immer auf die Bedeutung und die Bedeutungsveränderungen der Wörter achten müssen. Niemals darf die heutige Bedeutung mechanisch in irgendeine frühere Zeit rückprojiziert werden, immer geht es um die Entdeckung der damaligen Bedeutung. Die Suche und Entdeckung der Wirklichkeit hinter den Wortbedeutungen ähnelt oftmals einer kriminalistischen, aufregenden Fahndung; und je älter das zu untersuchende Wort ist, desto häufiger sind wir natürlich auf Hypothesen angewiesen und desto mehr weiter zu untersuchende Fragen ergeben sich.

Im Weiteren wird der Versuch unternommen, die Bedeutungsveränderung einiger Lehnwörter und Wörter innerer Entstehung zu untersuchen und die sich daraus ergebenden kulturgeschichtlichen Folgerungen zu ziehen. – Auf Bedeutungsveränderungen einiger Lehnwörter aus urungarischer Zeit wurde bereits hingewiesen; z. B. darauf, dass das Wort *harang* (der Name des ›signalgebenden Kessels‹ der Nomadenvölker), ein türkisches Lehnwort aus frühurungarischer Zeit, der Urheimat im Uralgebiet, in der christlichen Terminologie zur Bezeichnung für ein zum Gebet rufendes, aus Bronze gegossenes Gerät und für andere Arten von Glocken jedweder Bestimmung wurde (›Viehglocke, glockenartiger Gegenstand, (Frucht)hülle → Glocke‹: Ergebnis auf Ähnlichkeit beruhender Namenübernahme); dass das alttürkische *gyón* ›anklagen‹ (EWUng: < türk. **yur-* ›waschen‹) die Bedeutung ›sich selbst anklagen‹ erhielt und sich in die christliche Terminologie nach der Landnahme einfügte usw. Das alttürkische *gyertya* ›Kerze‹ mag ursprünglich ein Holzspan zur Beleuchtung, eine beim Fischfang usw. benutzte Fackel gewesen sein. Kerzen aus Wachs oder Talg wurden früher meist nur in kirchlichen Einrichtungen benutzt.

Als rätselhaft erscheint uns das Wort *ágyú* ›Geschütz‹ alttürkischer Herkunft aus der Zeit vor der Landnahme: Welchen Gegenstand hat dieses Wort wohl weit vor der Erfindung des Schießpulvers bezeichnet? Die Entsprechungen unterschiedlicher Turksprachen weisen darauf hin, dass es aus ›List, Machenschaft, Geschicklichkeit, Weise‹ über ›Gerät, Konstruktion, Maschinerie‹ zum Bestandteil der modernen Kriegsterminologie wurde: Nach der Erfindung des Schießpulvers übertrug sich der Name einer einfacheren Kriegsmaschine auf die Schusswaffe im heutigen Sinne, die Kanone.

Das Substantiv altfranzösischer Herkunft *tárgy* ›Gegenstand‹ gehörte dagegen ursprünglich zur Militärterminologie und bedeutete ›Schild‹. Das französische Wort ist seit dem 11. Jahrhundert datiert: es bedeutete jede Art von Schild, von Verteidigungseinrichtung; im 15. Jahrhundert war es der Name vor allem jenes Schildes, den die Reiter und Bogenschützen trugen. Ins Ungarische gelangte es als Wort des ritterlichen Lebens, durch Vermittlung der vornehmeren Gesellschaftsschichten.

Auch das italienische *pálya* ›Bahn‹ spiegelt die mittelalterliche ritterliche Welt wider: ursprünglich war es das Stoffstück, das der Sieger im Ritterturnier von einer Dame erhielt; die Bedeutungsentwicklung verlief also folgendermaßen: ›Siegespreis‹ → ›Turnier‹ → ›Turnierbahn, Kampfplatz‹ usw. (vgl. TESz./EWUng., ÉKSz.).

Auch aus dem Lateinischen kamen Wörter vieler Begriffsfelder ins Ungarische. Interessant ist die Bedeutungsgeschichte von *trágya* ›Dünger‹: Ursprünglich bedeutete es ›Speisewürze‹, eine ›gewürzte Süßigkeit, süße Gewürzmischung, mit der die Speise bestreut, gewürzt wird‹. Noch der Romancier Mór Jókai (1825–1904) verwendet es in diesem Sinne in *A barátfalvi lévita*: »mézzel *trágyázott* lakodalmas kása« (mit Honig gewürzte Hochzeitsgrütze). Von dort ging die Bezeichnung auf die Mischung über, ›mit der der Boden bestreut, gemästet wird‹, also auf den heutigen Dünger. Dasselbe lateinische Wort (*tragemata*: im Plural ›Delikatesse, Leckerbissen‹) ist auch die Vorlage für ungarisch *drazsé* ›Dragée‹. Diese feine Süßigkeit sowie das sie bezeichnende Wort werden aus dem Deutschen oder mit dessen Vermittlung übernommen worden sein.

Auf Handwerkertätigkeit verweist der Fachausdruck *himpellér* ›Pfuscher, Taugenichts‹, der einem deutschen Dialekt entstammt. Anfangs war es ein zum alten Zunftsystem gehörendes Wort: Den Angaben nach war es der ›Handwerker außerhalb der Zunft‹, dann ›eine irgendeinen Beruf ohne Fachkenntnis ausübende Person; Pfuscher‹. Umgangssprachlich bzw. aus einem Substantiv zum Adjektiv geworden bedeutet es ›Nichtsnutz, Tagedieb, Filou, Schurke‹. Heute ist es am Verschwinden, *kontár* mit ähnlicher Bedeutung ist auch heute gebräuchlich.

Nur in einer umfangreichen Studie ließe sich die Geschichte der verschiedenen in Ungarn gebräuchlichen Maßeinheiten und die hinter ihnen stehenden kulturgeschichtlichen Zusammenhänge darstellen. Bei den Längenmaßen müsste sich eine solche Darstellung z. B. von *arasz* ›Spanne‹ aus finnougrischer Zeit über die Ableitung *hüvelyk* ›Daumen‹, die Zusammensetzung *járóföld* ›Wegstrecke‹ und den märchenhaften *hétmérföldes csizma* ›Siebenmeilenstiefel‹ bis zu den Lehnwörtern *rőf* ›Messband, -stange‹, *sing* ›Elle‹, *jard* ›Yard‹ usw. erstrecken. Von den Hohlmaßen sind *pint* ›Pinte‹, *messzely* ›Seidel‹ und *akó* ›Ohm‹ nur mehr aus der Literatur bekannt. Auf die Tatsache, dass beim Wiegen einst *font* ›Pfund‹ und *lat* ›Lot‹ verwendet wurden, weisen Derivate hin: *fontos* ›wichtig‹, *fontolgat* ›erwägen‹, *fontolgatás* ›Erwägung‹, *latol, latolgat* ›erwägen‹. Dieses Maß ist auch die Basis für die Ausdrücke *sokat nyom a latban* ›es liegt großes Gewicht darauf‹, *súlyosan esik a latba* ›es fällt schwer ins Gewicht‹ und *latba vet* ›in die Waagschale werfen‹ (vgl. Velcsovné 1974; Kázmér 1982; Bogdán 1991). – Wenn wir die Maßeinheiten untersuchen, müssen wir nicht nur auf das »Wie viel?« achten (z. B. wie viel Zentimeter ein *hüvelyk* beträgt), sondern auch darauf: »Was ist wie viel?« (also was wird damit gemessen).

Die Wörter und Wortverbindungen erinnern aber nicht nur an frühere Gegenstände, sondern auch an veränderte Bräuche. Aus kulturgeschichtlicher Sicht höchst interessant und wertvoll sind die als Redewendungen bezeichneten stabilen Wortverbindungen. Aus ihnen erfahren wir sehr viel über die Geschichte vergangener Epochen aus fast allen Lebensbereichen. Zu diesem Thema empfehlen wir Gábor O. Nagy: *Mi fán terem?* ([3]1979), worin die Herkunft der Redewendungen behandelt wird.

Einen Einblick in die Bräuche der Liebeswerbung der romanhaften Ritterwelt gestattet z. B. *kosarat ad, kosarat kap* ›einen Korb geben bzw. erhalten‹, das heute zur Zurückweisung der Werbung verwendet wird. ›Einen Korb gibt‹ das Mädchen dem Freier, den es nicht heiraten will, sodass der abgewiesene Junge dann ›einen Korb erhält‹. Man ›erhält einen Korb‹ (*kikosarazzák*) auch dann, wenn eine Einladung zurückgewiesen wird oder wenn der Gast nicht von den angebotenen Speisen oder Getränken nimmt. Die Redewendung wird also in übertragenem Sinne verwendet, heute spielt kein konkreter Korb eine Rolle dabei. Ursprünglich aber ließen die verliebten Burgfräulein ihrem Verehrer aus dem Fenster einen echten Korb am Seil herab, in dem sie ihren Ritter zu sich hereinholten. Trat aber ein Verehrer auf, der der Dame nicht gefiel, ließ sie einen Korb mit Löchern oder ohne Boden herab, woraufhin sich der Abgewiesene entfernte. – Die Zurückweisung der Werbung gab man dem heiratswilligen Burschen in späteren Zeiten (in einzelnen Gegenden noch in jüngerer Vergangenheit) auf interessante, symbolische Weise zu erkennen: Wenn er auf Brautschau ging, hängte er seinen bestickten Tuchmantel (*cifra szűr*) in der Küche auf, und während er sich in der Stube unterhielt, brachte man ihn nach draußen und hängte ihn an der Traufe oder im Gang auf. Daraus entnahm er, dass das Mädchen oder dessen Eltern seine Werbung ungern sahen. Wem man heute *kiteszik a szűrét* ›den *szűr* heraushängt‹, den ›komplimentiert oder wirft man ohne Umstände hinaus‹ oder ›entlässt ihn aus der Stellung, üblicherweise, weil auch er es nicht anders verdient hat‹. Zu diesem Begriffsfeld gehören das auch heute gebrauchte *eladó lány* ›heiratsfähiges (eigtl.: zu verkaufendes) Mädchen‹ und *vőlegény (vevő legény)* ›Bräutigam (eigtl.: kaufender Bursche)‹, Hinweise auf den alten Brauch, dass heiratswillige Männer ihre Ehefrau für Geld kauften (vgl. O. Nagy ³1979, 451–452).

Viele Redewendungen verweisen auf die alte Glaubenswelt, auf Aberglauben und Hexerei: *kígyót, békát kiált rá* ›Schlange, Frosch über jmd. ausrufen‹ (in der Schlange sah man auf biblischen, alttestamentlichen Einfluss hin die Verkörperung der Sünde und im Frosch das Tier der Hexen; man denke an den zum Frosch verwandelten Märchenprinzen und an die Kröten bratende alte böse Hexe). Ursprünglich bedeutete die Redewendung, dass der/die Betreffende für eine Verkörperung der Sünde oder für eine Hexe gehalten wurde. Zu diesem Bedeutungskreis gehören *lóvá tesz* ›jn. übertölpeln, zum Besten haben‹, *kilóg a lóláb* ›da schaut der Pferdefuß heraus‹, *egy követ fújnak* ›sie stecken unter einer Decke‹, *meg van kötve akeze* ›ihm sind die Hände gebunden‹, *megoldódik a nyelve* ›seine Zunge wird gelöst‹ usw. (O. Nagy ³1979).

Einige Redewendungen führen ins alte Klosterleben zurück. Wenn es jemand sehr eilig hat, sagt man: *körmére égett a dolog* ›ihm brennt die Sache auf den Nägeln‹. Die Mönche klebten sich bei den nächtlichen Andachten oder in der Frühmesse kleine Wachskerzen auf die Fingernägel und lasen bei diesem Licht die Gebete. War die Kerze kurz, mussten sie sich mit dem Gebet beeilen, damit sie ihnen nicht die Finger verbrannte. – »*Nem káptalan a fejem*« (›mein Kopf ist kein Kapitel‹ ~ ›ich bin kein Lexikon‹) sagen wir leicht ungehalten, wenn man etwas fragt, was wir normalerweise nicht im Kopf haben. Denn das Kapitel, das Beratergremium der Bischöfe, wusste tatsächlich sehr viel zu jener Zeit, als es unter den Weltlichen noch nicht viele Studierte gab. – Wen man *kordában tart* ›kurz hält‹, der steht unter so strenger Aufsicht wie die Mönche im Kloster. Denn die *korda* ist die Kordel, mit der die Kutte in der Hüfte gebunden wurde.

Viele Redewendungen erinnern an das alte ungarische Soldatenleben. Über eine nicht geglückte Absicht sagen wir: *visszafelé sült el* ›sie ist nach hinten losgegangen‹. Mit alten, primitiven Flinten passierte dies oft, wenn sie schlecht geladen waren. Wer schlagfertig antwortet oder handelt, der *fején találja a szöget* ›trifft den Nagel auf dem Kopf‹ wie der Soldat den Nagel in der Mitte der Zielscheibe. – Das elende Leben der Grenzwachen meint die Redewendung *se pénz, se posztó* ›weder Geld noch Tuch‹, weil sie ihren Sold teils in Geld und teils in Uniformtuch bekamen, oft aber von der Wiener Schatzkammer weder Geld noch Tuch angewiesen wurde. – An die Revolution und den Freiheitskampf von 1848 erinnert *nem enged a negyvennyolcból* ›er hält unbeirrt an seinen Prinzipien, an seinem Entschluss fest‹.

Die Qualen der Folter, die unbarmherzigen Bestrafungen rufen Redewendungen in Erinnerung, die sich auf die frühere ungarische Rechtsprechung beziehen. Aus einem schweigsamen, heimlichtuerischen Menschen *harapófogóval kell* (oder: *sem lehet*) *kihúzni a szót* ›muss man (oder: kann man nicht) das Wort mit der Kneifzange herausziehen‹, wie bei einem aussageunwilligen Verbrecher. – Wenn einer *körömszakadtáig tagad* ›bis zum Nägelherausreißen leugnet‹ zielt das auf die Praxis der Folter mit der Nagelpresse. – *Szíjat hasítok a hátadból* ›Ich schneide dir Riemen aus dem Rücken!‹ ist eine Drohung, die sich heute höchstens auf gründliche Prügel bezieht. Früher wurde die Qual eines zum Tode verurteilten Sünders oft gesteigert, indem man ihm den Rücken mit dem Messer einschnitt und Hautstreifen herausriss. – Sagen wir heute über einen Erzieher, er *felcsigázza* ›fesselt‹ das Interesse seiner Schüler beim Lernen, denken wir keinesfalls an den brutalen Brauch, dass man einst den unglücklichen Delinquenten mit auf den Rücken gebundenen Händen »an einem Folterseil« in die Höhe zog.

Auch Ausdrücke aus bestimmten Gewerbezweigen sind oft zu Redewendungen geworden. Von einem treulosen Freund sagt man, dass er seinen ins Unglück geratenen Partner *cserben hagyja* ›in der Tunke sitzen lässt‹: Wenn der ledergerbende Schuster in der Gerberlohe ein Stück Tierleder vergaß, wurde es von ihr zerstört. Dasselbe passierte auch dem Gerber, der Alaunflüssigkeit, Beize zur Lederzurichtung benutzte. Deshalb sagt man von einem ins Unglück geratenen Menschen, *benne van a csávában* oder *a pácban* ›er sitzt in der Tinte (eigtl.: Beize)‹ (Tompa 1948, 160–161).

II. SPRACHGESCHICHTE UND LITERATUR

Lesen wir Gedichte oder auch Prosa aus der alten oder der heutigen ungarischen Literatur, so kommt es oft vor, dass uns der Text oder Textteile nicht völlig klar, nicht ganz eindeutig sind. Wir haben den Verdacht, sie nur ungefähr verstanden zu haben. Das ist noch der günstigere Fall, denn dann lässt uns die Unsicherheit nicht ruhen, und wir bemühen uns, der Unklarheit auf den Grund zu gehen, ihr »Geheimnis« zu ergründen. Es kann sich herausstellen, dass sich hinter unseren Schwierigkeiten sprachliches Unverständnis verbirgt. Beispielsweise begegnen wir einem Wort, einer Wortverbindung, einem Satzteil, dessen oder deren Bedeutung, Stimmung, stilistischen Wert wir nicht verstehen, oder einer grammatischen Form, die uns unbekannt ist, weil sie im heutigen Ungarisch nicht mehr gebraucht wird. Im schlimmeren Fall verstehen wir aus ähnlichen Gründen den Text sogar falsch, und dann sind wir auf die Hilfe anderer angewiesen.

Hinter den Verständnisschwierigkeiten steckt oftmals die Veränderung der Sprache. Beim Lesen müssen wir uns im Sprachzustand der Entstehungszeit des Werkes heimisch fühlen und dürfen nicht (anachronistisch) die heutigen Bedeutungen und Stilwerte in die Vergangenheit zurückprojizieren.

Den heutigen Leser wird wahrscheinlich verwundern, in Gáspár Heltais *Új Testamentom* (1541) zu lesen: »Jó *álat* [állat] a só« ›Eine gute *Sache* ist das Salz‹ (heutige Bedeutung von *állat* ist ›Tier‹). Diese Konstruktion bedeutete dort und damals: ›eine gute, wertvolle Sache‹. Über die Bedeutungsentwicklung des ungarischen *állat* könnte man einen ganzen Roman schreiben: Morphologisch handelt es sich um das Derivat des Verbs *áll* mit dem Suffix *-at*, in dem *áll* ›existiert‹ bedeutet. Da der Verbstamm einen so allgemeinen Begriff bezeichnete, bekam auch das Derivat allgemeine Bedeutung: Es konnte existierende Dinge jeder Art bezeichnen. Im Wiener Kodex (nach 1416/ um 1450) kommt es als ›Gestalt‹ vor: 122: »az ozlop nag vala τ ϱ *alaṫṫa* [állattya ~ állattja] igen magas« ›die Säule war groß und ihre Gestalt sehr hoch‹; im Debrecener Kodex und anderswo heißt es oft auch ›Wesen‹ (DebrK um 1519) 438: »Isten naǵ [nagy] tizta *allat*« ›Gott ist ein großes reines Wesen‹;

in dieser Bedeutung verbindet sich *állat* mit *asszony*: Bod-Kodex (um 1520) 3: »Ember ki *azzoń allattul* ziletik« ›Mensch, der von der Frau geboren wird‹; *asszonyállat* oder *asszonyi állat* waren anfänglich also nicht beleidigend, hatten keine pejorative Bedeutungsschattierung! Die Bedeutung von *állat* hat sich – wie wir den Sprachdenkmälern entnehmen – immer weiter eingeengt: von jederart ›existierender Sache‹ über ›Lebewesen‹ zu nicht menschlichen Lebewesen, d. h. den Tieren im heutigen Sinne (vgl. Kázmér 1982, 22–23). – Im alten Ungarisch hatte auch *némber* ›Frauenperson‹ keinen pejorativen Stilwert: Wiener Kodex 51: »aggac ǫkèt a *nèmberièkn*[c] [némberieknek] hazaba« ›gebt sie ins Haus der Frauen‹. Dies sieht man leicht ein, wenn man weiß, dass *némber* ein zusammengesetztes Wort ist, dessen Vorderglied die *-é*-Variante des Wortes *nő* ›Frau‹ (*né-*) und das Hinterglied *ember* (auch selbst eine verblasste Zusammensetzung) ist. Das Ergebnis späterer Pejorativierung ist *némber* 1840/1885: ›verachtete Frauensperson‹ (TESz./EWUng.). – Eine interessante Aufgabe kann es sein, Wörter mit der Bedeutung ›Frau‹ zu sammeln: einerseits um zu sehen, welches Wort seit wann im Ungarischen existiert, aus anderen Sprachen übernommen wurde (z. B. *perszóna* ›Person‹) oder uralter Herkunft (*nő, hölgy*) oder ungarische innere Entwicklung ist (*nőszemély, némber*), und andererseits um festzustellen, welchen Bedeutungsveränderungen diese Wörter unterlagen (auch hinsichtlich ihres Stimmungs- und Stilwertes); aus dieser Untersuchung kann sich auch ergeben, welche Wörter in einer sprachgeschichtlichen Periode zu einer Synonomengruppe gehörten; drittens lohnt sich oder würde sich lohnen zu untersuchen, wie einzelne Wörter zwischen verschiedenen sog. inneren Sprachvarianten, also Mundarten, Umgangssprache und verschiedenen Schichten- und Gruppensprachen, umherwandern.

Den heutigen Leser mag auch verwundern, warum der Dichter Mihály Vörösmarty (1800–1855) von Franz Liszt sagt, er sei ein »*hírhedett* zenésze a világnak«, denn *hírhedett* bzw. *hírhedt* bedeutet heute ›sehr schlecht beleumdet‹. Vörösmarty wollte jedoch in seinem den Komponisten rühmenden Gedicht sicherlich nicht dies sagen, sondern dass Liszt ›ein berühmter Musiker der Welt‹ sei. Tatsächlich war dies die ursprüngliche Bedeutung des Wortes, und so benutzt es auch Vörösmarty. Schon im ersten ungarischen Kodex, im Jókai-Kodex (um 1400) kommt *hírhedik* als ›als Nachricht verbreitet, berühmt werden‹ vor. Dessen Perfektpartizip ist *hírhedett*.

Die Herausbildung der neueren Bedeutung ›übel beleumdet‹ hat vielleicht zur pejorativen Bedeutungsschattierung der mit demselben Suffix gebildeten Verben (*bűzhödik* ›stinken‹, *keshed, kushad* ›sich ducken, kleinlaut werden, sich unterwerfen‹, *poshad* ›faulen‹ usw.) beigetragen, und die schnelle Verbreitung hat den bewussten Gebrauch im Rahmen der Spracherneuerung gefördert (vgl. TESz./EWUng.). Wir müssen uns also darum bemühen, immer die zeitgemäße Bedeutung der Wörter zu finden.

In der alten ungarischen Sprache hatte *ma* die Bedeutung ›jetzt‹, und in dieser kommt es auch in dem gereimten Gebet der Laskai-Zeilen vor, die in einer Kopie von 1433 erhalten blieben: »Oh ÿſtennek teſte … *ma* tegedet miltathlan ÿmadlak« (s. Anhang 4).

In seinem Buch *Értjük, vagy félreértjük a költő szavát?* (Verstehen oder mißverstehen wir das Dichterwort?, Budapest 1983) hat András Martinkó die schönsten und bekanntesten Gedichte der ungarischen Literatur aus sprachlicher Sicht analysiert. Interessant und farbig deutet und erklärt er die Wörter und Ausdrücke, deren Bedeutung sich seither geändert hat und die – wenn wir nicht darauf achten – zu Missverständnissen beim Lesen der Gedichte und Gedichtpassagen führen können. – Auf was für einen Grabhügel verweist z. B. der Dichter Mihály Csokonai Vitéz (1773–1805) in seinem Gedicht *A tihanyi Ekhóhoz* (An das Echo von Tihany), wenn er schreibt »Áll *együgyű* sírhalom magában«? Hier bedeutet das Wort ›einfach, bescheiden‹ und nicht ›einfältig, albern, naiv‹. – Warum erwähnt der Dichter Ferenc Kölcsey (1790–1838) im *Himnusz* (Text der ung. Nationalhymne, 1823) *bús hadat* (»S nyögte Mátyás *bús hadát* Bécsnek büszke vára«), wenn er doch vom siegreichen ungarischen Heer spricht? Hier ist *bús* nicht das Synonym von *bánatos* ›traurig, betrübt‹, sondern die Farbbezeichnung ›schwarz, dunkel‹ (vgl. *bús felleg* ›dunkle Wolke‹. – Dt. Übers.: Und Matthias' Schwarzes Heer bedrückte die stolze Burg Wien). – Welchen Tod nennt Vörösmarty im *Szózat* (Zuspruch, 1836): »Vagy jőni fog, ha jőni kell A *nagyszerű* halál«? (s. Anhang 5). Nicht den ›erhabenen, ruhmvollen, heldischen‹ Tod, wie wir es in unserer heutigen Sprache verstehen! Zu Vörösmartys Zeit hatte *nagyszerű* noch die Bedeutung ›groß, gewaltig, sehr groß‹ und verweist hier auf den Tod der ganzen Nation. Ein Zeitungsartikel um 1780 verwendet dieses Adjektiv auch für ein Erdbeben: Das Erdbeben habe »gewaltige Schäden« verursacht (vgl. Martinkó 1983, 79, 104, 122).

Vielfach stoßen wir in den Werken auf alte grammatische Formen. Kennen wir diese nicht, kann es vorkommen, dass wir den Text nicht oder falsch verstehen. Im heutigen Ungarisch gibt es nur noch die *-t*-Vergangenheit; nicht immer ist es leicht, die Erzählvergangenheit mit dem Suffix *-a/-e, -á/-é* zu erkennen: »Mint *hulla* a hulla! veszett a pogány« in *Szondi két apródja* von János Arany (1817–1882). Das erste *hulla* ist die Erzählvergangenheitsform von *hull(ik)* ›fallen‹, also ›fiel‹, das andere das Substantiv aus dem Präsenspartizip desselben Verbs (›Toter‹; vgl. noch: *penge, hinta*). Bei diesen beiden Wörtern handelt es sich um grammatische Homonymie.

Aus ähnlichen Gründen bedeuten die *kérdezők* in *Széchenyi emlékezete* (Arany) ein Problem: »Te víg tavasz-nap! ujjongó mezők! … ›Élünk-e hát *mi?*‹ búsan *kérdezők.*« Nach unseren heutigen Sprachkenntnissen würden wir es für ein Präsenspartizip im Plural halten, was sich als Apposition dem zitierten Subjekt, dem Personalpronomen *mi* ›wir‹ anschließt. Die richtige Deutung ist aber eine andere; dabei helfen gewissermaßen auch die Satzzeichen: *kérdezők* ist das Verbalprädikat des Zitatsatzes, das in der veralteten objektiven Konjunktion in der Erzählvergangenheit steht (also ein Verb und nicht Partizip ist); folglich: »›Leben wir also?‹ *fragten wir* bedrückt«. Diese Beispiele und viele Typen von Homonymen samt ihren belletristischen Vorkommen untersuchte Endre Rácz (1980).

Aber beim Lesen von Literatur wird unsere Aufgabe manchmal noch komplizierter: Wenn der Schriftsteller beispielsweise – um ein Zeitbild zu malen oder aus anderen Gründen – auch das Material früherer Sprachzustände (Wörter, Konstruktionen, grammatische Formen, unterschiedliche Stilelemente) in sein Werk aufnimmt, wenn also aus sprachgeschichtlicher Sicht mehrere chronologische Schichten in einem Werk vereint sind, sprechen wir von künstlerischer Archaisierung. József Tompa hat diesem Thema ein ganzes Buch gewidmet (*A művészi archaizálás és a régi magyar nyelv*. Budapest 1972). Gute Schriftsteller und Dichter übertragen die sprachlichen Archaismen so in die sprachliche Synchronie der Verfasserzeit, dass die künstlerische Stileinheit nicht darunter leidet. »Unsere früheren Schriftsteller waren, indem sie die [in ihrer eigenen Zeit] ungewöhnlichen Archaismen häufig mittels Fußnoten oder Wörterbuchanhängen selbst erklärten, darum bemüht, das Publikum zur richtigen Annahme des Paradoxons: Neuheit – neuer Archaismus hinzuführen« (Tompa 1972, 164–165). Csokonai z.B.

gab zumeist auch die genaue Quelle der Wörter der alten Sprache an. János Arany baute in den *Toldi* auch die Zeilen von Péter Ilosvai Selymes ein (Ilosvai 1574: Az hires neves Tholdi Miklósnak jeles cselekedeteiről és bajnokoskodásáról való história), mit halben Anführungszeichen den »Fremdtext« bezeichnend; z. B.: »Elhűlnétek, látva rettenetes pajzsát, ›*És, kit a csizmáján viselt, sarkantyúját*‹.« (Előhang); »*Aláfüggesztette fejét nagy bánatban, Mert egy pénze is nincs üres tarsolyában.*« (Neunter Gesang); usw. »Andere Verfasser erleichtern bei solchen Gelegenheiten eventuell mit textlichen Verweisen, sachlichen oder sprachlichen Abschweifungen, Synonymen usw. die Aufgabe der Leser und lenken so in gewisser Weise auch deren stilistische Assoziationen … [Andere] überlassen die richtige Feststellung des Stilwertes im Text vorhandener neuartiger Archaismen gänzlich dem Publikum« (Tompa 1972, 165). In diesem Fall hat es der Leser am schwersten, das Lesen verlangt dann noch größere Umsicht.

Den altertümlichen Gebrauch von *ha* ›wenn‹ in der ersten Zeile des *Előhang* des *Toldi* erklärt Arany z. B. nicht, den müssen wir selbst herausfinden: »Mint *ha* pásztortűz ég őszi éjszakákon«: *ha* hat hier die alte Bedeutung ›als‹. In ebendieser Bedeutung und Wortart ist das Adverb *ha* in das ebenfalls alte Adverb *mindenha* aus der Zeit der Kodizes eingebaut; die Zusammensetzung *mindenha* bedeutet ›jederzeit, immer‹. Dieses Wort verwendet z. B. der Dichter Endre Ady (1877–1919) als Archaismus in seinem Gedicht *A föl-földobott kő*: »És, jaj, hiába, *mindenha* szándék«, nur macht er das Adverb der Zeit hier zum Adjektiv (in der Bedeutung ›jederzeitig‹) und verknüpft es als Attribut mit dem Substantiv. In demselben Gedicht begegnen wir dem Ausdruck *szerelmes gondban*, einer heute seltsam anmutenden attributiven Konstruktion. In der alten ungarischen Sprache war *szerelmes* ein Wort des Alltagsgebrauchs: *szerelmes gyermekem, szerelmes fiam, szerelmes barátom*, und bedeutete ›geliebtes/r Kind, Sohn, Freund‹ (vgl. Martinkó 1983, 178, 180). Im Ady-Gedicht *Az ismeretlen Ada* findet sich eines der in der Zeit der Kodizes beliebten sog. doppelten Verbalpräfixe: »Egyszerre *el-tova*-tűnik«. Auch Mór Jókai (1825–1904) verwendet diese Konstruktion: »Bercsényi is *el-ki*rohant« (Szeretve mind a vérpadig); usw. (vgl. Tompa 1972, 70 ff.).

Von vielen schönen Beispielen künstlerischer Archaisierung soll noch Mihály Vörösmartys erzählende Dichtung *Tündérvölgy* erwähnt werden, in die er archaische sprachliche und prosodische Elemente aus *Szigeti veszedelem* (von Miklós Zrínyi) übernommen hat: so etwa die Vermeidung des Artikels (*ékes tündérvölgyön*), die Weglassung des Pronomens (»Kicsoda *[az, ki]* engemet fölkeltett álmombul«), die Verwendung des Possessivsuffix *-i*: statt *istene* z. B. *az ő isteni*. Die wirkungsvollsten Texteinlagen und einzelne stilistische Kennwörter in den Romanen *Isten rabjai* von Géza Gárdonyi (1863–1922) und *Boldog Margit* von János Kodolányi (1899–1969) stammen aus der Margaretenlegende von 1510. Mihály Babits (1883–1941) gestaltet seine Novelle *Kezdődik Éliás testvér hiteles története* in ähnlichem Stil wie die Franziskuslegende aus dem Jókai-Kodex (um 1400); usw. (vgl. Tompa 1972, 59–60).

In der Literatur der zweiten Hälfte des 20. Jahrhunderts und auch in der heutigen ungarischen Literatur begegnen wir alten sprachlichen Erscheinungen, Einlagen, Fremdtexten usw. Es ist eine schöne Aufgabe, auch daraus einen Strauß zu sammeln und solche Werke so zu analysieren, dass wir ein Gefühl auch für die in der Sprache verborgenen stilistischen Werte bekommen. Denn nur so können wir die reiche Schatzkammer der Belletristik in ihrer ganzen Fülle in Besitz nehmen.

Unter dem Titel »Sprachgeschichte und Literatur« könnten wir noch vielfältige Fragen ansprechen. Ich glaube, im Wesentlichen geht es darum, dass wir bei der Werkanalyse den inhaltlichen und ästhetischen Werten des Werkes dann am nächsten kommen können, wenn wir an es mit ganzheitlicher Anschauung herangehen, es gleichermaßen aus sprachlicher wie aus literarischer (stilistischer) Sicht untersuchen.

Der literarische Stil überschreitet (vor allem durch die Herausbildung und Festigung des individuellen Stils) mehr und mehr die Norm, weil er einerseits alle Elemente und Mittel der Sprache im Interesse der Wirkung, Darstellung und Charakterisierung einsetzt und andererseits immer wieder einen neuen (noch nicht üblichen, nicht abgeschliffenen) Ausdruck sucht, um Singuläres, überraschend Wirkungsvolles zu schaffen. Somit führen die als Muster, als Vergleichsbasis dienende, »ideale« sprachliche Norm und der nach Neuem, Überraschendem, nach Versinnlichung – gegenüber der Abgeklärtheit nach Ungewöhnlichem, gegenüber dem Massenhaften nach Individuellem – strebende Stil der (schöngeistigen) Literatur ein gemeinsames Leben, indem sie miteinander ringen, einander verstärken und sich so entwickeln. Der literarische Stil sprengt und erweitert also (im Laufe seiner ganzen Geschichte) immer wieder die Norm und erneuert und bereichert sie dadurch ständig; die Norm wiederum stellt immer den Maßstab für die

Neuerungen und den (individuellen) Erfindungsreichtum dar: Die Norm im Blick habend, erkennen wir, dass das Andere wirklich anders, das Neue wirklich neu ist, dass also das Andere und Neue nach Absicht des Autors mehr ist. Denn, wie Dezső Pais es ausdrückte, »der dichterische oder schriftstellerische Stil entsteht aus der Sprache, und umgekehrt wird aus dem Stil sehr oft Sprache« (Pais [Hrsg.] 1960, 9; Pusztai 1978; Szabó 1998).

III. SPRACHGESCHICHTE UND HEUTIGE SPRACHE

Im Verlauf der Veränderung der Sprache existieren die alte und die neue Form eine Zeit lang nebeneinander; z. B. *utu* > *út* ›Straße‹, *csuda* > *csoda* ›Wunder‹. Diese sog. synchronen Varianten bleiben – da die Sprache nach Ökonomie strebt – nicht lange erhalten. Sie rivalisieren miteinander und das Ergebnis ist, dass entweder die eine Variante verschwindet (zumeist die alte, s. *utu* > *út*) oder eine Bedeutungsverteilung (= -spaltung) zwischen beiden eintritt und dann beide erhalten bleiben (s. *csuda* ~ *csoda*).

Diese den Kampf bzw. die Umstände des Zusammenlebens der alten und neuen sprachlichen Erscheinungen illustrierenden Beispiele werfen ein Licht darauf, dass wir die sprachgeschichtlichen Kenntnisse auch zur Lösung der Dilemmata des heutigen Sprachgebrauchs zu Hilfe rufen können. Bei der Orientierung zwischen (den verschiedenen) morphologischen und semantischen Doppelheiten in der heutigen Sprache, bei der richtigen, der konkreten Sprechsituation entsprechenden Auswahl hilft uns auch unser sprachgeschichtliches Wissen. In gehobener Rede sind Formen wie *érette* ›für ihn‹, *mondotta* ›er hat gesagt‹ eher angebracht (hier hat sich der Stammauslautvokal erhalten); zu Hause aber, in der Familie oder im Freundeskreis ist das *érte, mondta* ohne Stammauslautvokal üblich. Die frühere, objektiv konjugierte Verbform im Konjunktiv 1. Pers. Plural »mi *látnók* azt« ›wir würden das sehen‹ hat heute archaischeren Stilwert als das neben ihr entstandene und gebräuchlicher gewordene *látnánk*. (Es lohnt sich, darauf zu achten, wer welche Form in welcher Sprechsituation verwendet, schriftlich eventuell eine andere als in der gesprochenen Sprache usw.)

Wie können wir uns orientieren beim Gebrauch der Doppelheiten *szám – szájam, szád – szájad* ›mein bzw. dein Mund‹? Folgende Kenntnisse können helfen: Die ursprüngliche Lautform von *száj* aus uralischer Zeit war *szá* (ohne *j*; das ist auch bei *orca* > *arc* ›Gesicht‹ der Fall, das mittels Zusammensetzung von *orr* ›Nase‹ und *szá* ›Mund‹ entstand; im Übrigen lassen sich das Verhalten und die Gebrauchsregeln der Doppelheit *orca* und *arc* an den früheren und heutigen sprachlichen Angaben im TESz./EWUng. und ÉKSz. beobachten). Zu dieser Form *szá* traten Possessivsuffixe hinzu: *szám*, *szád*. In der 3. Pers. hatte jedoch das auf Vokal endende *szá* mit dem Possessivsuffix *-a* einen Hiatus zur Folge: *szá-a*; um diesen auszuschalten, wurde als Hiatusfüller der Konsonant *j* eingefügt: *szája*. In Analogie zu Wörtern wie *ház-a* ›sein Haus‹, *láb-a* ›sein Fuß‹ entstand aus *szája* durch Rückbildung die Grundform *száj* (der Hiatusfüller wurde also dem Stamm angegliedert). Später kamen hierzu dann auch die Possessivsuffixe, sodass *szájam*, *szájad* entstanden. Diese Formen haben sich aber nicht sehr verbreitet (doch lohnt es sich, auf die Kindersprache zu achten!), sie sind seltener geblieben und deshalb ein Merkmal gewählteren Stils.

Welche Form benutzen wir, wenn wir jemand darum bitten, uns eine Scheibe Brot abzuschneiden: *messen* oder *metsszen*? *Messe meg a szőlőt* oder *metssze meg a szőlőt* ›verschneide die Weinreben‹? Auch in diesem Fall geht es um das Gegenüber von alt und neu; *messe* ist die frühere, die Imperativform des schon veralteten Verbs *met* (vgl. *lát – lássa*); *metsz* ist dessen Derivat mit Frequentativsuffix, dessen Imperativform *metssze* ist usw. Auch heute werden alle beide gebraucht, in dem Wissen, dass die alte Form *messe* von archaischerer Stimmung ist.

1. Sprachgeschichtliche Erklärungen für Vorgänge in der heutigen Sprache

Wir können unsere sprachgeschichtlichen Kenntnisse auch in anderer Weise »in Dienst stellen«. Sie können helfen, gewisse Vorgänge der heutigen Sprache zu verstehen, denn die sprachlichen Veränderungen gehen nach allgemeinen Gesetzmäßigkeiten vor sich, die in allen sprachgeschichtlichen Zeiten ähnlich zur Geltung kommen. Oftmals sind das sprachgeschichtliche Wissen und die Methode der historischen Anschauung auch dazu geeignet, Erklärungen für heutige sprachliche (orthografische, grammatische, bedeutungsmäßige, stilistische u. a.) Erscheinungen zu geben. – Auf diese Weise wird z. B. verständlich, warum man *uram* ›mein Herr‹, *tüzes* ›feurig‹ oder *vizet* ›Wasser (Akk.)‹ mit kurzem *u*, *ü* oder *i* schreibt und die suffigierten Formen *úrtól* ›vom Herrn‹, *tűzbe* ›ins Feuer‹ oder *vízhez* ›zum Wasser‹ mit langem.

In urungarischer Zeit gab es nur die aus der Grundsprache geerbten, also ursprünglich kurzvokalischen Stämme, an deren Ende noch der uralte Stammauslautvokal erhalten war. Wenn uralte, aus einem Element bestehende Suffixe hinzutraten, blieb der Stammauslautvokal erhalten (den das Suffix vor dem Verschluss und Verschwinden schützte), aber auch der ursprüngliche Kurzvokal im Stamm blieb erhalten. Deshalb sprechen und schreiben wir in diesen Formen den Kurzvokal. Bekam aber das Wort kein Suffix, dann schloss sich der Stammauslautvokal (bei unbetontem Wortende) und verschwand später (»fiel ab«), woraufhin sich der Vokal im Stamm verlängerte. Deshalb sind diese Vokale in unsuffigierten Nominativformen lang (*úr, tűz, víz*). Die neueren Adverbialsuffixe vom Typ *-ban/-ben* ›in‹, *-tól/-től* ›von‹, *-hoz/-hez/-höz* ›zu‹ am Ende der urungarischen und am Anfang der altungarischen Zeit traten bereits zu dem Stamm mit Langvokal vom Typ *úr, kéz* ›Hand‹ hinzu, und deshalb ist auch in diesen Wortformen der Stammvokal lang: *útról*. Auf diese Weise entstand auch die Veränderung *e–é* und *a–á* in den Stämmen: *kezem – kézre, negyed – négykor; sarat – sártól, haza – házból*. Sie erscheinen uns aber nicht als Rechtschreibprobleme, vor allem, weil *e–é* und *a–á* keine »echten« kurzlangen Paare sind, da bei ihnen nicht nur die Zeitdauer, sondern auch die Zungenstellung und im Falle *a–á* sogar die Lippenbewegung unterschiedlich ist. (Deshalb ist es eine gute Methode, die entsprechende suffigierte Form von *kéz* zu Hilfe zu nehmen, wenn man unsicher ist, ob das Wort mit langem oder kurzem *u, ü, i* zu schreiben ist.) Für die Transdanubier ist die Schreibweise von *u, ü, i* noch dadurch erschwert, dass die dortigen Mundarten in ihrem Formensystem bzw. ihrer Aussprache kein langes *ú, ű* und *í*, wohl aber *á* und *é* kennen.

Wir werden aber feststellen, dass dieser Stammwechsel in der heutigen Sprache in einzelnen Wörtern nicht auf die gemäß den eben geschilderten Regeln »zu erwartende« Weise erscheint. Neben *tejet* ›Milch (Akk.)‹, *tejes* ›Milch-‹, *tejem* ›meine Milch‹ benutzen wir nicht *téj* ›Milch‹, *téjből* ›aus Milch‹, sondern *tej, tejből* usw. Bei diesem Wort hat sich die Stammform mit Kurzvokal durchgesetzt; so gehört *tej* nicht in die Gruppe der sog. Vokaldehnungsstämme der Art *keze – kéz*. In *ház* dagegen wurde der neue Stamm mit langem Stammvokal allgemein: Er kommt nicht nur vor den Adverbialsuffixen wie *-ban/-ben* vor, sondern auch vor den uralten Suffixen: *házat, házas, házam* usw. In Kenntnis der Systemeinflüsse, der Funktion der Analogie in der Sprache ist festzustellen, dass dies die allgemeine, die typische Richtung der Veränderung ist. Der ursprünglich kurzvokalische Stamm *haz-* ist nur beim vom Substantivparadigma isolierten Adverb *haza* und *hazul(ról)* erhalten geblieben. Auch in *három* ›drei‹ hat sich die Stammform mit *á* durchgesetzt: *hármat, háromból,* und nur *harmad* usw. bewahrten das kurze *a*. Die alte und die analog entstandene neuere Form existieren manchmal nebeneinander, weil die Sprache den Unterschied zwischen ihnen zur Bedeutungsunterscheidung benutzt, z. B.: Adjektiv *kerek* ›rund‹, Substantiv *kerék* ›Rad‹.

Ein anderes Beispiel: Wissen wir als heutige Sprachbenutzer, warum wir *iszunk* ›trinken‹, *írunk* ›schreiben‹ und nicht *iszünk, írünk,* warum wir einen *nyilat* ›Pfeil‹ und nicht *nyilet* abschießen oder mit einem *nyíllal* und nicht *nyíllel* schießen, warum unsere Kleidung *csíkos* ›gestreift‹ und nicht *csíkes* ist, warum unser Verhalten *férfias* ›männlich‹ und nicht *férfies* ist usw.? Wissen wir also, warum wir dem Stamm nicht eine der Vokalharmonieregel entsprechende Suffixvariante anfügen? Auch die Erklärung dafür finden wir in der Sprachgeschichte. In diesen Wörtern stand ursprünglich ein velares *i̦* (ob das Wort nun grundsprachlicher Herkunft oder Lehnwort aus urungarischer Zeit war); deshalb stand am Stammende ein velarer Vokal und deshalb trat ein velarvokalisches Suffix hinzu. Ursprünglich kam also das uralte Gesetz der Vokalharmonie zur Geltung. Als aber das velare *i* palatal wurde (das war die eine Art seines Verschwindens), bekamen diese Wörter eine gemischte Vokalharmonie. Die Suffixe wechselten nicht mit, dort kam es nicht zur Variante mit palatalem Vokal. So gesehen tritt bei *férfi* eine gewisse Neuerung auf: Gelegentlich hört man auch *férfitől* und *férfiről*, desgleichen *csíkiek*, obwohl es *csíkiak* ›die aus Csík‹ heißen müsste, sowie »Mikor *Csíkból* elindultam« (Als ich von Csík fortging) – das ist die ursprüngliche, allgemein gebrauchte Form. Hinter dieser Erscheinung steht die Analogie der Wörter mit verwirklichter Vokalharmonie. Es ist nicht auszuschließen, dass die vokalharmonische Form sich in Zukunft verbreiten wird, denn das Gesetz der Vokalharmonie ist auch heute stark; vorerst ist dies aber der seltenere Fall, die Ausnahme. Heute sind also die Formvarianten vom Typ *férfiak, férfias, férfitól* die richtigen, die allgemeinen. Dazu müssen wir auch noch wissen, dass *férfi* ein Kompositum ist (vgl. TESz./EWUng.) und das *i* im Hinterglied ursprünglich velar war – und das Hinterglied bestimmt, welche Suffixvariante sich einem Kompositum anfügt, z. B.: *széklábról*; deshalb entstand *férfiról*.

Wer Ungarisch als Fremdsprache lernt, merkt sich nur schwer, dass die Form mit Akkusativsuffix von *fű* ›Gras‹ *füvet* heißt, aber die des fonetisch ähnlich aufgebauten *tű* ›Nadel‹ *tűt* (und nicht *tüvet*). Wir wissen das, aber verstehen wir es? Wieder können wir unsere historischen Kenntnisse zu Hilfe rufen. *Fű* ist ein altes Wort, aus ugrischer Zeit. Die urungarische Fortsetzung der Grundform **pime* hat die Lautform **fiße* (das **p-* im Wortanlaut wird zu *f-*, das **-m-* zwischen beiden Vokalen zum an gleicher Stelle gebildeten stimmhaften Spiranten; das Wort gehört zur Gruppe der sog. *v*-stämmigen). Wenn ein uraltes Suffix zum Stamm hinzutrat (z. B. *fißes, fißet*), dann verschob sich die Bildungsstelle des bilabialen Reibelautes *ß* zwischen zwei Vokalen etwas weiter nach hinten zum labiodentalen *v*, und das kurze *i* des Stammes wurde zum labialen *ü*: *füvet, füves*; deshalb ist der Stammvokal kurz. Wenn aber kein Suffix auf den Stamm folgte, erhielt der Stammauslautvokal obere Zungenstellung und verschwand später. Das damit in Auslautstellung gelangte *ß* wurde in altungarischer Zeit zum Vokal mit oberer Zungenstellung; der so entstandene Diphthong *iü* monophthongisierte zum langen *ű*: **fiß* > *fiü* > *fű*. Aufgrund der (zum Vokaldehnungstyp gehörenden) Stämme *kéz, tűz* wissen wir, dass die neueren zusammengesetzten Kasussuffixe zur neuen Nominativform hinzutreten, deshalb kommt es zu *fűbe, fűről*. Dagegen erscheint in der Konstruktion »fűt-fát összehord« ›Gras und Holz zusammenschleppen → Unsinn reden‹) nicht das regelrechte *füvet*! Warum wohl? Man muss bei der Untersuchung der Stammvarianten auch mit dem Einfluss der Analogie rechnen.

Die Frage bleibt aber auch weiter bestehen, warum der Akkusativ des Nähwerkzeugs *tűt* (und nicht *tüvet*) ist: weil *tű* nicht ähnlich wie *fű* ein Substantiv mit *v*-Stamm ist, sondern das substantivierte Präsenspartizip eines veralteten Verbs *töv(ik)* ›stechen, bohren, hineinstechen, sich hineinbohren‹. Deshalb schließen sich alle substantivischen Suffixe (seien sie alt oder neuer) an die Form *tű* an. Ein Derivat dieses Substantivs *tű* ist das Verb *tűz* ›stechen, nadeln‹ (eine nur zufällige Formübereinstimmung, also Homonymie, mit dem Substantiv *tűz* ›Feuer‹); aber zu dieser Wortfamilie gehören auch *tövis* ›Dorn‹ und *tüske* ›Stachel‹. – Ähnlich wie *tű* substantivierten auch andere Geräte- und Werkzeugnamen, wie *ásó* ›Spaten‹, *fúró* ›Bohrer‹, *rugó* ›Feder (Metall)‹, *seprű* ›Besen‹, *véső* ›Stemmeisen‹. Dazu gehört auch der früher erwähnte *verő* ›Hammer‹. Ihre partizipiale Herkunft ist auch uns klar, da es ihre Verbstämme auch heute gibt: *ás, fúr, rug, seper, vés* usw. (Bei den Substantiven *mező* ›Wiese, Feld‹, *tető* ›Dach‹ nehmen wir die partizipiale Herkunft wiederum nicht wahr, weil ihre Verbstämme ebenfalls veraltet sind: *mezik* ›sich kleiden‹, *tetik* ›scheinen, aussehen‹).

Nach all den bisher untersuchten sprachlichen Erscheinungen macht es Sinn, sich auf die Pointen des folgenden Gedichtes zu konzentrieren und Erklärungen für sie zu suchen, wobei unsere wichtigsten Hilfsmittel das TESz. und das EWUng. sein können.

Schöne, süße Muttersprache

(Lajos Lőrincze und László Grétsy gewidmet)

Kezdjük tán a »*jó*« szóval:
    Beginnen wir vielleicht mit dem Wort *jó* [gut]:
tárgyesetben *jót*, ámde *tó*ból *tavat* lesz, nem pediglen *tót*.
    im Akkusativ *jót*, aber aus *tó* [See] wird *tavat*, aber nicht *tót*.
Egyes számban *kő* a kő, többes számban *kövek*,
    In Einzahl ist *kő* der Stein, in der Mehrzahl *kövek*,
*nő*nek *nők* a többese, helytelen a *növek*.
    von *nő* [Frau] ist *nők* die Mehrzahl, falsch wäre *növek*.
Többes számban a *tő* nem *tők*, szabályosan *tövek*,
    In der Mehrzahl heißt *tő* [Stamm] nicht *tők*, sondern *tövek*,
minthogy a *cső* nem *csők*, magyar földön *csövek*.
    wie auch *cső* [Rohr] nicht *csők*, sondern in Ungarn *csövek*.
Anyós kérdi, van két *vőm*, ezek talán *vövek*?
    Schwiegermutter fragt: Ich hab‹ zwei *vőm* [Schwiegersohn],
        sind die vielleicht *vövek*?
Azt se tudom, mi a »*c*«, egyes számú *cövek*?
    Ich weiß auch nicht, was ist »*c*«, in Einzahl *cövek*?
Csók, ha adják százával jő, az benne a jó,
    Gibt man den *csók* [Kuss] zu Hunderten, sagen wir glücklich »Ooo«,
ha netán egy puszit kapsz, annak neve *csó*?
    war es nur ein Küsschen, heißt das dann *csó*?
Bablevesed lehet *sós*, némely vinkó *savas*,
    Deine Bohnen sind vielleicht *sós* [salzig], mancher Wein aber *savas*
nem lehet az utca *hós*, legfeljebb csak *havas*. { [sauer],
    die Straße ist nie *hós*, höchstens nur *havas* [verschneit].
Miskolcon, ámde Debrecenben,
    in Miskolc, aber Debrecen,
Győrött, Pécsett, Szegeden –
    in Győr, Pécs und Szeged –
amíg mindezt megtanulod, beleőrülsz, idegen.
    bis du das alles lernst, Fremder, bist du verrückt geworden.

Agysebész agyat *műt*, otthon ír egy *művet*,
Der Hirnchirurg Hirne *műt* [operiert], zu Hause schreibt er ein
tűt használ a műtéthez, nem pediglen *tűvet*, { *művet* [Werk],
tűt [Nadel] braucht er zur Operation, und eben nicht *tűvet*.
Munka után *füvet* nyír, véletlen sem *fűvet* stb.
Nach der Arbeit schneidet er *füvet* [Gras] und keinesfalls *fűvet*. ...
(*Mskr. von Dr. Imre Bencze*)

In der Konjugation finden sich gleichfalls viele Erscheinungen, deren Hintergrund und Erklärung in früheren sprachlichen Geschehnissen zu finden ist.

Bekanntlich ist das Imperativzeichen im Ungarischen das *j*. Es gibt aber sieben – sehr häufig gebrauchte – Verben (*tesz* ›tun‹, *lesz* ›sein‹, *vesz* ›kaufen‹, *visz* ›bringen‹, *eszik* ›essen‹, *iszik* ›trinken‹, *hisz* ›glauben‹), die in ihrer Imperativform nicht *j*, sondern *gy* haben: *tegyek, tegyél, tegyen* usw., *tegyem, tegyed, tegye* usw. Dieses *gy* erscheint schon in den frühesten Sprachdenkmälern, wie der Grabrede: »*legenec* [legyenek] neki ſeged uromc ſcine eleut«; Königsberger Fragment: »de qui *legen* [legyen] neký atia oȝut nem tudhotiuc«; Altungarische Marienklage: »*Wegh* [végy] halal engumet«. Dieses frühe Vorkommen weist darauf hin, dass die Lautform *gy* des Imperativs (bzw. dessen fonetischer Vorgänger, das mouillierte, also palatale *ʒ́* = *dzs*‹) schon vor diesen Textdenkmälern, also in urungarischer Zeit, entstanden war. Das Imperativzeichen ist ein Morphem aus der Grundsprache. Die uralte Lautform **-k-* wurde in urungarischer Zeit (zwischen zwei Vokalen) zum an derselben Stelle gebildeten stimmhaften Spirant: **-k-* > *γ*. Dieses Imperativzeichen *γ* (und dann *j*) trat zum endvokalischen Stamm dieser Verben hinzu: *teγ-* ~ *tej-*. Dem folgte der Stammendvokal und das Personalsuffix, z. B. *teγen* ~ *tejen*. In dieser fonetischen Stellung änderte sich die Bildungsweise *γ* ~ *j*: Aus einem Spiranten entstand eine Affrikate, aus *ʒ́* > *gy* (Affrizierung). Zu diesem Wechsel wird es gekommen sein, damit nicht – durch regelmäßigen Ausfall von *γ* ~ *j* – die Lautform *teen* > *tén* entstehe; diese wäre nämlich mit der einen Vergangenheit zusammengefallen, und solche Homonyme bemüht sich die Sprache, wenn irgend möglich, zu vermeiden. (Eine klare Erörterung dieses komplizierten Prozesses s. bei Abaffy 1988, 401–415.) – Von diesen sieben Verben hat sich bei *hisz* das *gy* des Imperativs gedehnt. Deshalb schreiben wir auch heute: *higgyek, higgy, higgyen* usw., *higgyem, higgyed, higgye* usw. – Die Imperativform von *hagy* ›lassen‹ lautet dagegen – ungeachtet der ähnlichen Aussprache – *hagyjam, hagyjad, hagyja* usw.; das ist verständlich, da hier zum Stamm *hagy* das Imperativzeichen *j* hinzutritt (in der Aussprache trat unbezeichnete völlige Assimilation ein). Hinsichtlich der Aussprache ist auch der Imperativ der auf *-d* endenden Verben ähnlich: *adjak, adjam* usw., nur entstand hier das lange *ggy* durch Verschmelzung von *d* und *j*.

Das Imperativzeichen kann auch die fonetischen Varianten *ss* und *cs* haben, z. B. *lássak, láss, lásson* usw., *lássam, lásd* ~ *lássad, lássa* usw. sowie *tartsam* (sprich: *tarcsam*), *tartsd, tartsa* usw. Beobachten wir, bei welchen Verben dies auftritt, zeigt sich, dass bei auf *-t* endenden Verben das Imperativzeichen *-ss* und bei auf Konsonant + *t* endenden das Zeichen *cs* steht. Wollen wir ergründen, warum das so ist, müssen wir wieder auf die sprachlichen Ereignisse der frühen Vergangenheit, der urungarischen Zeit, zurückgreifen.

Was passierte in urungarischer Zeit, als zum auf *-t* endenden Verb das Imperativzeichen *j* (bzw. dessen stimmloses Pendant $\acute{\chi}$) hinzutrat? Vor einer Antwort betrachten wir die übrigen (nicht auf *-t* endenden) Verben! In den auf *-d* endenden verschmolz das *d* mit dem *j* und entstanden Imperativformen, die wie *aggyon* usw. ausgesprochen werden. Das Ergebnis bei den auf *-n* und *-l* endenden ist ähnlich: *menjen*, sprich: *mennyen*; *féljen*, sprich: *féllyen* bzw. *féjjen* usw. Folglich verschmolzen die dentalvelaren *d, n, l* mit *j* zu den palatalen *gy, ny, ly*. Nur aus der Lautverbindung *t* + *j* wurde nicht *ty*, es entstand z. B. keine Imperativform *futtyon*, sondern stattdessen *fussak, fuss, fusson* usw., weil es zu jener (der urungarischen) Zeit das Fonem *ty* im Ungarischen noch nicht gab. Beim Zusammentreffen oder Verschmelzen von *t* + *j* gelangte statt *ty ss* oder *cs* in die Wortform.

Traten aber zu auf *-t* (*-szt*) endenden Verben im Indikativ die mit *j-* beginnenden Personalsuffixe der objektiven Konjugation hinzu (z. B. *lát-ja, lát-juk, lát-játok, lát-ják; választ-ja, választ-juk, választ-játok, választ-ják*), entstand aus der Verbindung *t* + *j* langsam das kurze bzw. lange *ty*. Die Lesung (die vermutliche damalige Aussprache) des ersten Wortes der Grabrede, *Latiatuc*, war vielleicht schon *láttyátok* (aber auch *látjátok* ist möglich; vgl. Benkő 1980, 47).

Das heutige Problem des Sprachgebrauchs bzw. der Sprachrichtigkeit, welches wir als *-suk/-sük-* bzw. *-szuk/-szük*-Sprache bezeichnen, reicht bis zu Geschehnissen in urungarischer Zeit zurück. Hierbei handelt es sich darum, dass der Sprecher z. B. statt der Indikativform objektiver Konjugation *látjuk* die Imperativform objektiver Konjugation *lássuk* benutzt: »Mindjárt *meglássuk*, hogy mi következik.« In diesem Satz steht das Verb im Indikativ, also ist *meglátjuk* die richtige Form. Deshalb nennen wir den Fehler »*-suk/-sükölés*« (Schuk/Schükisierung). Bei auf *-szt* endenden Verben heißt die Imperativform *válasszuk, bomlasszák* usw.; bei falschem Gebrauch tritt sie an die Stelle der Indikativform *választjuk, bomlasztják* (sprich: *választyuk, bomlasztyák*). Deshalb nennen wir diesen Fehler »*-szuk/-szükölés*« (Ssuk/Ssükisierung). Ebenso unrichtig ist statt der Indikativform *tartjuk* (sprich: *tartyuk*) die Anwendung der Imperativform *tartsuk* (sprich: *tarcsuk*) – die »*-csuk/-csükölés*« (Tschuk/Tschükisierung). Wir sehen, es ist im Kern dasselbe. Es hat den Anschein, als ginge dank der Sprachpflege die Schuk/Schükisierung zurück (die Ssuk/Ssükisierung aber weniger). Zunehmend breitere Gesellschaftsschichten achten darauf, nicht in diesen Fehler zu verfallen. Die Absicht der Fehlervermeidung führt manchmal dazu, dass »über das Ziel hinausgeschossen wird«. Man passt so sehr auf, statt der Indikativform nicht die imperativische, auf *-suk/-sük, -szuk/-szük* usw. endende zu benutzen, dass es manchmal ins Gegenteil umschlägt: Dann wagen wir auch im Imperativ nicht das richtige *lássa, válasszák* zu benutzen, sondern flüchten uns aus »Übervorsicht« zur indikativischen Form *látja, választják*. Beispielsweise: »A gyártó cégek azért hirdetnek, hogy a vásárlók az ő árujukat *választják*« (Die produzierenden Firmen annoncieren, damit die Käufer ihre Waren *wählen*). Das ist ein ebensolcher Fehler wie der andere, wenn auch seltener. Untersuchen wir das Satzgefüge, erkennen wir, dass es sich um finale Unterordnung handelt. Im finalen Nebensatz steht aber das Verbalprädikat immer im Imperativ: »A gyártó cégek azért hirdetnek, hogy a vásárlók az ő árujukat *válasszák*.«

Wenn wir nun die Herausbildung der Doppelheit *lássa – látja* verstehen und den darauf bezüglichen Fehler beim Sprachgebrauch sehen, taucht möglicherweise eine weitere Frage auf: Warum tritt in der objektiven Konjugation die Imperativform an die Stelle der indikativischen? Die Erklärung dafür liegt im Zustand und in der Funktion des sprachlichen Systems. Denn bei den nicht auf *-t* endenden Verben fallen vielfach beide Verbformen (in Aussprache wie in Schreibung) zusammen: *várja, adjátok, kérjük* usw. Im Indikativ bestehen sie aus zwei Morphemen: *vár-ja, ad-játok, kér-jük* (Stamm + Personalsuffix), im Imperativ aus dreien: *vár-j-a, ad-j-átok, kér-j-ük* (Stamm + Imperativzeichen + Personalsuffix). Dieser Zusammenfall der beiden Verbformen dient als Muster dafür, dass auch in den auf *-t* endenden Verben diese Ähnlichkeit eintritt. Also wieder wirkt die Analogie im Sprachsystem, wobei das Häufigere, allgemeiner Gebrauchte (schließlich gibt es mehr nicht auf *-t* endende Verben!) das Seltenere (auf *-t* endende Verben) nach seinem Bild umformt. Allerdings ist das, was von der sprachlichen Bewegung her verständlich und erklärbar ist, nicht unbedingt für richtig zu halten. Deshalb tritt die Sprachpflege für die Beibehaltung der morphologischen Doppelheit *lássa – látja* ein, weil dies die Eindeutigkeit der Mitteilung fördert: Beide Funktionen werden durch zwei Formen ausgedrückt. (Die von der Art *adja* sind grammatische Homonyme, also Formübereinstimmungen, sodass fallweise missverständlich sein kann, ob es sich um den Imperativ oder um den Indikativ handelt. Deshalb müssen die Sätze so konstruiert werden, dass die Textumgebung eindeutig werden lässt, um welche Verbform es sich handelt.)

Auch im Konjunktivparadigma der Verben gibt es eine Form, die aus dem System herausfällt und Erklärung verlangt. In der 1. Pers. Sing. der subjektiven Konjugation der velar vokalharmonischen Verben fehlt die Angleichung: *várnék*; in den anderen Personen passt sich das Personalsuffix vokalharmonisch an: *várnál, várna, várnánk, várnátok, várnának*. Warum ist das so? Zur Anpassung in der 1. Pers. Sing. kam es deshalb nicht, damit sie nicht mit der 3. Pers. Plur. der objektiven Konjugation zusammenfällt: *ők várnák azt* ›sie würden dies erwarten‹. Im Sprachgebrauch kommt natürlich – der Kraft und Regel der Vokalharmonie gehorchend, also in Analogie zu den häufigen harmonisierenden Elementen des Systems – die Form *én várnák valakit* ›ich würde jemanden erwarten‹ zu Stande. Aber wieder können wir sagen, was aus der sprachlichen Veränderung heraus erklärbar ist, muss nicht unbedingt bejaht werden. In der Umgangssprache halten wir – weil es Unterscheidungsfunktion hat – *várnék* für richtig. Betrachten wir das alte und neue Verhältnis, sehen wir, dass auch hier das alte dominiert oder zu dominieren beginnt.

Auf die Frage, welches das Konjunktivzeichen (im Präsens) ist, antworten wir spontan, *-na, -ne, -ná, -né*. Diese vier Formvarianten sind ein einziges Morphem des Sprachsystems. Aber wissen wir, wann wir welche benutzen und warum gerade sie? Natürlich treten *-na* und *-ná* zu Verben mit velarer, *-ne* und *-né* zu Verben mit palataler Vokalharmonie. Was aber ist mit den Paaren mit langem und kurzem Vokal? Eine oberflächliche Antwort wäre, dass *-na/-ne* in der subjektiven und *-ná/-né* in der objektiven Konjugation verwendet wird. Aber die Formen *látnál, látnánk, látnátok, látnának* *valakit; kérnél, kérnénk, kérnétek, kérnének valamit* werden subjektiv konjugiert und enthalten trotzdem das Konjunktivzeichen *-ná* bzw. *-né*. Die Erklärung ist wieder historisch: Die ursprüngliche Lautform des Konjunktivzeichens war *-ne͜i* (worin *e͜i* ein Diphthong war). Dies zeigen auch arpadenzeitliche Texte: Grabrede: *eneyc* (lies: *ënë͜ik* > *ennék*, 3. Pers. Sing. Konjunktiv der *ik*-Konjugation); Königsberger Fragment (13. Jh.): *lelhetneync* (lies: *lëlhetnë͜ink* > *lelhetnénk*). Mit Monophthongisierung (Langvokalwerdung) des Diphthongs *e͜i* entsteht *-né* bzw. *-ná*. Auch das gibt es schon in den frühaltungarischen Sprachdenkmälern: Königsberger Fragment: *uolna* (lies: *ßolná*); *volná* ist eine Form des intransitiven Seinsverbs, so ist sicher, dass sie nur subjektiv (allgemein) konjugiert wird (3. Pers. Sing. Ø-Personalsuffix). Zu diesem Langvokal-Modalzeichen treten die Personalsuffixe hinzu: *volnék, volnál, volnának* usw. In der objektiven (bestimmten, determinierten) Konjugation ebenso: *várnád, várnák* usw. Die Kurzvokalform *-na/-ne* kommt in der 3. Pers. Sing. zu Stande, in Wortauslautstellung, und bei der Verkürzung der *á-*, *é*-Laute am betonungslosen Wortende im 13. Jahrhundert geht dieser Prozess auch in diesem Modalzeichen vor sich: *-ná/-né* > *-na/-ne*. Aber auch das ursprüngliche *-ná/-né* verschwindet nicht: Die Sprache nutzt die morphematische Doppelheit zur Unterscheidung der beiden Funktionen: In der 3. Pers. Sing. objektiver Konjugation tritt *-ná/-né* und in der 3. Pers. Sing. subjektiver Konjugation *-na/-ne* hinzu. (Auch diesen Fall können wir also mit unseren Kenntnissen über den Kampf zwischen Alt und Neu in Zusammenhang bringen: Beide Formen bleiben bei Bedeutungstrennung und unterschiedlicher Funktionszuordnung erhalten. Auch an diesem Beispiel können wir ersehen, dass es aus einer sprachlichen, sprachgeschichtlichen Erscheinung mehrere Lehren geben kann.)

Die Frage des Konjunktivzeichens können wir mit folgender Konklusion beantworten: Die Form *-na/-ne* kommt deshalb nur in 3. Pers. Sing. mit Ø-Personalsuffix der subjektiven Konjugation vor, weil die Verkürzung nur in Wortauslautstellung erfolgte. In den übrigen Verbformen (auch in der subjektiven Konjugation) schützte das Suffix den ursprünglich langen Vokal.

Wir könnten noch viele heutige Spracherscheinungen untersuchen, zu deren wirklichem Verständnis auf die Ereignisse früherer Zeiten zurückgegriffen werden muss. Es könnte auch die Frage auftauchen, warum in einer Wortform die Reihenfolge der Suffixe gerade so ist, wie sie ist. Warum folgen z. B. die Bildungssuffixe in *ál-m-atlan-ság* ›Schlaflosigkeit‹ einander in dieser Reihenfolge? Die kurze Antwort darauf lautet: Sie sind in dieser Reihenfolge entstanden. Zum Stamm *ál-*, der mit dem Stamm *al-szik* identisch ist, trat noch in ugrischer Zeit das Bildungssuffix *-m* hinzu. Das Privativsuffix entstand in urungarischer Zeit (durch Verknüpfung des ugrischzeitlichen Bildungssuffixes *-tal* und des Modalsuffixes *-n*). Als letztes entstand das Bildungssuffix *-ság*, aber auch noch in urungarischer Zeit, denn es findet sich vielfach in den frühen Sprachdenkmälern: Grabrede: *uruzag* ›Land‹ (lies: *uruszág*; identisch mit *uraság* ›Herrschaft‹); Altungarische Marienklage: *ſcepſegud* ›deine Schönheit‹ (lies: *szépségöd*); Gyulafehérvárer/Karlsburger Zeilen (13. Jahrhundert): *artotlonſaga* ›seine Unschuld‹ (lies: *ártatlansága*) usw. Dieses Bildungssuffix ist vermutlich aus einem uralten selbstständigen Wort ›Hügel, Haufen‹ entstanden. Das selbstständige Wort wurde zum Hinterglied eines Kompositums (vgl. den Eigennamen *Rétság*) und später zum Suffix. Auf gleiche Weise wurde z. B. *-né* zum Suffix: Beispielsweise waren *királyné, tanítóné* ursprünglich Zusammensetzungen mit unbezeichnetem Possessivattribut und bedeuteten ›Ehefrau des Königs bzw. des Lehrers‹. Heute nennen wir es »Ehefraunamen-Suffix«. Die Formvariante *nő* von *né* blieb dagegen ein selbstständiges Wort, und seine Bedeutung als Hinterglied eines Kompositums ist klar: eine *királynő, tanítónő* ist selbst Königin, Lehrerin (als Berufsbezeichnung).

Dieser Prozess, dass einzelne Hinterglieder von Komposita zu Suffixen werden, setzt sich auch heute fort. Deshalb nennt das orthografische Regelwerk die Elemente wie *-féle, -fajta, -rétű, -szerű* ›-fältig, -artig, -schichtig, -gemäß‹ »suffixartige Hinterglieder« (*A magyar helyesírás szabályai* [Regeln der ungarischen Rechtschreibung]. Budapest [11]1984, 57): *ötféle* ›fünferlei‹, *kétfajta* ›zweierlei‹, *szakszerű* ›fachgemäß‹ usw. Die Suffixartigkeit des Hintergliedes bereitet bei der Rechtschreibung von *ész* + *szerű* Probleme: Wenn *-szerű* das Hinterglied eines Kompositums ist, dann ist *észszerű* die richtige Schreibung (vgl. *nagygyűlés* ›Hauptversammlung‹, *mészszállítás* ›Kalklieferung‹); ist es aber ein Bildungssuffix, dann ist *ésszerű* richtig. Das Element *-szerű* ist auf dem Wege zum Bildungssuffix, aber diesen Übergangszustand kann die Orthografie nicht widerspiegeln; wir können nur *szsz* oder *ssz* schreiben. Da die Entwicklung in Richtung des Suffixes weist und auch die Orthografie sich ihm zuneigt, nimmt sie sozusagen den vollen Suffixwert von *-szerű* voraus; das Wort wird also richtig *ésszerű* geschrieben.

Die Reihenfolge der Suffixe erklärt sich auch beim Typ der Wörter *alulról* ›von unten‹, *hátulról* ›von hinten‹ dadurch, dass zum Stamm *alu-*, *hátu-* zuerst das uralte Kasussuffix *-l* und später *-ról* hinzutrat. Auch in den Wortformen mit Possessivsuffix + Kasussuffix *kezemet* ›meine Hand (Akk.)‹, *kezedben* ›in deiner Hand‹, *kezünkről* ›von unserer Hand‹ steht das Possessivsuffix (Zeichen) deshalb zuerst, weil es früher (noch in der Zeit der Grundsprache) aus dem uralten Personalpronomen **me*, **te*, **se* zum Possessivsuffix wurde. Später dann entstanden die neuen sekundären Kasussuffixe und deshalb stehen sie nach den Possessivsuffixen. (Die allgemeiner gültige Erklärung für die Reihenfolge Zeichen + Kasussuffix s. Benkő [Hrsg.] 1991, 288–289.)

2. Erklärungen alter Sprachvorgänge anhand der heutigen Sprache

Schon aus den bisherigen Beispielen ist zu sehen, dass der Zustand der Sprache in vieler Hinsicht ihre Geschichte in sich trägt (zumindest aber sehr vieles aus den verschiedenen Phasen ihrer Entwicklung bewahrt). Daraus folgt, dass sich aus der Kenntnis des heutigen sprachlichen (umgangssprachlichen und mundartlichen) Zustandes auch sprachgeschichtliche Erkenntnisse gewinnen lassen. Deshalb können wir sagen, dass zu den Quellen der Sprachgeschichte auch die heutige Sprache zu rechnen ist (neben Sprachdenkmälern, verwandten Sprachen, Fremdsprachen usw.); die Untersuchung der heutigen Sprache bzw. der jeweiligen Synchronie, die Klärung ihrer Funktionen, ihres Systems und ihrer inneren Zusammenhänge ist auch für diachrone Forschungen unverzichtbar. Die Fälle *csuda – csoda; állottam – álltam; székláb – szék lába – széknek a lába; engem – engemet; iszom, isznak; nézné – nézne* usw. sind dazu geeignet, gleich mehrere Lehren zu ziehen. Gestützt auf frühere sprachliche Erscheinungen, auf unsere sprachgeschichtlichen Kenntnisse, verstehen wir, warum es zwei oder mehrere Formen nebeneinander gibt, welche von ihnen wir wann benutzen müssen usw., und können z. B. nicht ins System passende Erscheinungen erklären; umgekehrt führt uns auch die Untersuchung der heute lebendigen, weiterlebenden historisch früheren Formen und die Freilegung ihrer Zusammenhänge im System zu sprachgeschichtlichen Erkenntnissen; sie ergänzt und bestätigt unser aus anderen Quellen stammendes Wissen.

»Die These, dass das synchrone System der Sprache die Diachronie in sich trägt, wird schon durch die inneren Zusammenhänge des Systems an sich bewiesen. Konkret handelt es sich darum, dass die Stellung der Elemente und Erscheinungen des Systems, ihr Verhältnis zu anderen Elementen und Erscheinungen sowie die Gesetzmäßigkeiten seiner Realisierung sehr oft den diachronen Prozess anzeigen oder zumindest andeuten, durch den diese Elemente entstanden sind, sich entwickelt haben und uns manchmal sogar die Erklärung der diachronischen Prozesse an die Hand geben. Die systemimmanenten Zusammenhänge der einzelnen sprachlichen Elemente eignen sich also dazu, aus ihnen vielschichtige historische Schlussfolgerungen zu ziehen« (Benkő 1967, 59).

Wenn wir anderswoher (z.B. aus der Etymologie des Wortes, der Orthografiegeschichte) nicht wüssten, welchen Laut das *u* der Wörter *zum* (lies: *szem* ›Auge‹), *urdung* (lies: *ördög* ›Teufel‹) in der Grabrede bezeichnet, könnten wir auch aufgrund der heutigen Lautform sicher behaupten, dass es nur einen Palatalvokal (*ü* oder *ö*) bezeichnen kann, weil nur er sich in den heutigen Palatalvokalen fortsetzen kann; aus *u* kann nicht *e* und *ö* entstehen. Im Laufe der Lautveränderungen gibt es nämlich keine »großen Sprünge«; die Veränderung geht stufenweise vor sich, es verändert sich immer nur ein Bildungsmoment. Das *szüm* in der Grabrede und das heutige *szëm* beleuchten auch, dass die sprachliche Änderung nicht »in einer Linie«, sondern in mehreren Bahnen verläuft, d.h. aus einer Vorlage je nach Mundart unterschiedliche, mehrere Folgen entstehen können. Das *ë* des heutigen *szëm* konnte nämlich nicht aus *ü* entstehen, da sie sich in der Zungenstellung und Lippentätigkeit unterscheiden; sie sind Weiterentwicklungen in zweierlei Richtungen eines gemeinsamen Vorgängers (*szim*; vgl. finnisch *silmä*); *szim* > *szüm* verweist auf Labialisierung, *szim* > *szëm* auf zunehmende Öffnung; das mundartliche *szöm* kann aus *szüm* und auch aus *szëm* entstanden sein. – Im Gegensatz zum *u* in *zum* und *urdung* bezeichnen die *u*-Buchstaben in *pur* (lies: *por* ›Staub‹) und *pucul* (lies: *pokol* ›Hölle‹) sicher einen Velarvokal (*u* oder *o*), denn die velare Vokalharmonie kommt auch in unserem Sprachgebrauch zur Geltung.

Etwas Interessantes lehrt uns das Wort *öröm* ›Freude‹. Schon in der Altungarischen Marienklage findet es sich in dieser Form. Es scheint ein Stammwort (nicht in Morpheme aufteilbar) zu sein. Stoßen wir im Sprachsystem jedoch auf die Verben *örül*, *örvend*

›sich freuen, Freude empfinden‹ so zeigt die synchrone Gegenüberstellung, dass auch *öröm* ein gebildetes Wort ist (wie das schon erwähnte *álom*, vgl. *alszik*), aber das (aus einem Verb ein Substantiv bildende) Suffix *-m* hat im eigenständigen Leben der ungarischen Sprache seine Aktivität bereits verloren. – Dass auch am Ende solcher Verben wie *ront* ›zu Grunde richten‹, *rongál* ›beschädigen‹, *bont* ›zerstören‹, *hint* ›säen, streuen‹ ein Suffix steht, belegt die Gegenüberstellung mit den Ableitungen *romlik* ›verderben (intr.)‹, *rombol* ›zerstören‹, *bomlik* ›zu Grunde gehen‹, *bomol* ›sich närrisch benehmen‹, *himbál* ›schwingen‹. Die ursprünglichen Stämme sind *rom-, bom-, him-*; folgt ihnen das Suffix *-t* (wie in den auch in den Sprachdenkmälern zu findenden Formen *romt-, himt-*), dann tritt je nach der Bildungsstelle teilweise Assimilierung ein: *romt* > *ront*, *bomt* > *bont*, *himt* > *hint* usw. – dass es sich auch bei *ű, ú* in *keserű* ›bitter‹, *szomorú* ›traurig‹, *háború* ›Krieg‹ um Bildungssuffixe (Präsenspartizip) handelt, wird klar beim Vergleich mit den Ableitungen *kesereg* ›verbittert sein‹, *keserves* ›bitter‹; *szomorkás* ›traurig‹, *szomorít* ›betrüben‹; *háborog* ›empört sein‹, *háborít* ›belästigen‹ usw.

Untersuchen wir den Kreis der Postpositionen, erklären und beleuchten einander wahrscheinlich *után* ›nach‹ und *útján* ›durch, im Wege von‹; beide bestehen aus drei Morphemen: Zwischen Stamm und Adverbialsuffix *-n* steht das Possessivsuffix der 3. Pers. Sing.; in *után* in der Form *-á*, in *útján* in der Form *-já*. Fügen wir dieser synchronen Beobachtung die Kenntnis hinzu, dass im grammatischen System im Allgemeinen die einfachere Form die frühere und die kompliziertere die neuere ist, und untersuchen wir auch die Angaben aus den Sprachdenkmälern (behandeln also die verschiedenen sprachgeschichtlichen Quellen komplex), dann klärt sich das Bild: Das Possessivsuffix *-á* ist die frühere und *-já* die spätere Form. Im *útján* spüren wir noch die morphologischen Bestandteile der Konstruktion, nämlich dass es aus *valaminek az útján* ›auf dem Wege von etw.‹, also aus einer Possessivkonstruktion entstanden und zur Postposition geworden ist; in *után* mit der älteren Form des Possessivsuffixes ist diese Konstruiertheit schon verblasst.

Beziehen wir über die Umgangssprache hinaus auch das Material der Mundarten mit in die Untersuchung ein, bekommen wir für unseren Rückblick auf die Vergangenheit einen noch breiteren Horizont. Die mit *-val* ›mit‹ suffigierten Formen von *láb* ›Fuß‹ zeigen auch in der heutigen Sprache ein recht abwechslungsreiches Bild: *lábvel* ~ *lábval* ~ *lábbel* ~ *lábbal* usw. Was lernen wir sprachgeschichtlich aus diesen Formen? Vergleichen wir die heute existierenden Formen *velem, veled, vele* ›mit mir, dir, ihm‹ usw. mit den obigen Formen, können wir sagen, dass die nicht angepasste Form *-vel* die ältere ist. In den Formen wie *velem* ist nämlich ein uralter Substantivstamm *vel-* in der ursprünglichen Form der palatalen Vokalharmonie erhalten geblieben (ebenso: *bennem* ›in mir‹, *tőlem* ›von mir‹, *hozzám* ›zu mir‹ usw.). Zu diesen Substantivstämmen traten die Adverbialsuffixe und dann die Possessivsuffixe, und so entstanden die Wörter wie *velem, tőled* ›von dir‹ usw. Sie bewahren also die ursprüngliche Vokalharmonie des Stammes. Neben *lábvel* entstand dann mit Anpassung *lábval* (aber auch heute kommt, z. B. in der Palotzen-Mundart, die Form ohne Anpassung vor), und völlige Assimilation von *b* und *v* führte zu *lábbel* und *lábbal* (aber es gibt auch heute noch Mundarten, z. B. die der Tschango, in der *v* nicht assimiliert).

Auch die Verbform *megyek* ›ich gehe‹ kommt in der Umgangsprache und den Mundarten in recht vielen Varianten gleichzeitig vor, z. B.: *menek* ~ *menyek* ~ *megyek* ~ *mengyek* ~ *mejek* ~ *meek* ~ *mék* (sowie noch deren Varianten mit *e, ë, ö* usw.). Die vergleichende Dialektologie kann daraus – mit entsprechender Methode – die Beziehung zwischen dem historischen Vorgänger und den Nachfolgern ableiten bzw. herausfinden, aus welchem gemeinsamen Vorläufer sich auf welche Weise je nach Mundart verschiedenartige Nachfolger entwickelt haben (vgl. Benkő 1967, 64).

Die Kenntnis und Untersuchung der heutigen Mundarten ist auch deshalb wichtig, weil sie oftmals einen viel archaischeren Zustand spiegeln und bewahren als die Umgangssprache. (Zugleich konnten sie auch spezielle Neologismen entwickeln, die von den übrigen Mundarten und der Umgangssprache abweichen.) Dies gilt besonders für die sog. Rand- und Inselmundarten.

IV. ANALYSE EINES ABSCHNITTES DES ERSTEN UNGARISCHEN TEXTDENKMALS, DER GRABREDE: ÄNDERUNG (INNOVATION) UND TRADIERUNG (KONTINUITÄT)

Im Weiteren wird ein Abschnitt der Grabrede (ung. Halotti beszéd: s. Anhang 2) dahingehend untersucht, was sich in den seither verstrichenen etwa 800 Jahren verändert hat und was weiterlebt, das heißt, uns, den Generationen am Ende des 20. und zu Beginn des 21. Jahrhunderts, überkommen ist.

Wir wissen, dass sich alle Komponenten und Ebenen der Sprache verändern: Es kann sich die Konstruktionsweise des Textes ändern, Satzkonstruktionen und grammatische Formen können sich umgestalten, der Wortbestand wird ständig ausgetauscht, die Bedeutung und die Lautform der Wörter können sich ändern. (Dementsprechend unterscheiden wir innerhalb der Sprachgeschichte verschiedene engere Forschungsbereiche: Geschichte der Textkonstruktion, historische Syntax [einschließlich Geschichte der Wortkonstruktionen], Wortgeschichte, Morphemgeschichte, Lautgeschichte. Die Problematik der Form- und Bedeutungsänderung muss auf allen sprachlichen Ebenen untersucht werden. Die Forschung dieser Teilbereiche kann nur als erster Schritt betrachtet werden, denn das Endziel ist die Offenlegung der historischen Entwicklung der zwischen den einzelnen sprachlichen Ebenen bestehenden, also dem gesamten Sprachsystem immanenten Zusammenhänge und wechselseitigen Einflüsse.)

Am Ende des 12. Jahrhunderts (als die ungarische Sprache schon fast 2000 Jahre selbstständig war) erklangen während einer Beerdigungszeremonie folgende Sätze: »*Menÿi miloſtben terumteve eleve miv iſemucut adamut, eſ odutta vola neki paradiſumut haʒóá …* (Aber nach dem Adam vom verbotenen Obst gegessen hat) *Horoguvec iſten. eſ veteve wt eʒ munkaſ vilagbele*« (vgl. Benkő 1980, 32). Wahrscheinliche Lesung (einstige Aussprache): »*Mënyi milosztben terömteßé eléßé miß isemüköt, Ádámot, ës aduttȧ ßalá neki pȧrȧdicsumot χȧzoá … χaragußék isten, ës ßeteßé űt ez munkás ßilág belé*« (vgl. Benkő 1980, 47–48, gibt auch andere Lesungsmöglichkeiten an). (*ß* = bilabialer stimmhafter Spirant, *χ* = an der Stelle von *k* gebildeter Spirant; *ë* = Vokal mittlerer Zungenstellung; *ȧ* = velarer illabialer Vokal unterster Zungenstellung, der anstelle des umgangssprachlichen *a* auch heute in der Palotzen-Mundart existiert.)

Am wenigsten fallen vielleicht die Veränderungen der Satzkonstruktion ins Auge: Satzgefüge, die mit der beiordnenden Konjunktion *és* gebildet werden und in denen das Erkennen der Wortkonstruktionen und auch der Satzteile keine besonderen Schwierigkeiten macht. Die Wortkonstruktion *odutta ... haʒóá* dagegen ist dem heutigen Menschen schon unbekannt: Gott gab Adam das Paradies ›zur Heimstatt‹, d.h. machte es ›zu seinem Haus‹. Das Translativ-Faktitiv-Suffix *-vá/-vé* gab es aber zur Zeit der Grabrede noch nicht im ungarischen Suffixsystem, sondern nur eins seiner Elemente, das uralte (auf die Frage »Wohin« antwortende) Lativsuffix *-á/-é,* das zu dem – gleichfalls uralten – Wort mit sog. Auslautvokal hinzutrat: *hazo-á.* Da es wenige Adverbialsuffixe gab und mit der Entwicklung des Denkens immer mehr Adverbialverhältnisse erkannt wurden und auch sprachlich eindeutig ausgedrückt werden sollten, erhielt in unserem Fall auch das Lativsuffix *-á/-é/-í* zunächst immer mehr Funktionen und trennte sich dann bedeutungsmäßig von den Lativwörtern der Art *alá* ›unter‹, *haza* ›heim‹ (< *házá*), *mögé* ›hinter‹. Das wurde auch durch die Formtrennung gefördert: Zwischen die beiden Vokale der Wortformen wie *hazoá* wurde ein sog. Hiatusfüller *v (ß)* eingefügt, der mit der Zeit am Suffix haftete und später als einheitliches Translativ-Faktitiv-Suffix *-vá/-vé* auch zu anderen Wörtern trat. Die Entstehung dieses Suffixes, seine Stabilisierung in neuer Funktion und seine Verbreitung im ganzen Sprachgebiet sind das Ergebnis eines ziemlich langen Prozesses. (Es gibt eine solche Angabe auch aus dem 16. Jahrhundert: *fiájá fogadta* ›er hat ihn als Sohn angenommen‹. Das *j* hat ebenfalls die Funktion eines Hiatusfüllers und wird heute oft zur Erleichterung der Aussprache verwendet: »a ház a *fiáé* – sprich: fijájé«. Die Rolle dieses *j* bei Herausbildung der Wortstämme und Suffixe und bei der morphologischen Unterscheidung der ursprünglich formal ähnlichen, aber funktionsverschiedenen Personalsuffixe – wonach die Sprache im Allgemeinen strebt – ist außerordentlich groß, interessant und auch theoretisch lehrreich; so entstand z.B. neben dem Possessivsuffix *-a/-e* die Variante *-ja/-je; meze-e* > *mezeje,* d.h. *meze-je,* aber *fe-e* > *feje* > *fej* – hier aber wurde *-j* zum Stamm gezogen usw.)

Eine Veränderung trat auch in der Konstruktion »*veteve wt eʒ ... vilagbele*« in der Grabrede ein: *világ belé* ›in die Welt)‹ ist hier noch Postpositionskonstruktion (wie z.B. *[odaült a] fa alá* ›unter den Baum [hat er sich gesetzt]‹). Das Anhaften, die Verkürzung der Postposition *belé* zum Suffix *-be* erfolgt erst im 14.–15. Jahrhundert.

Zugleich existiert *-ben* in der Grabrede schon als Suffix (s. *miloſtben*), allerdings noch in ursprünglicher palataler Form (< *bele-n* < *bél* Substantiv + auf die Frage »Wo?« antwortendes Lokativsuffix *-n*). Die velare Form wurde bald durch die Vokalharmonie geschaffen (s. Karlsburger Zeilen, die den Sprachzustand in der zweiten Hälfte des 12. Jahrhundert spiegeln, in einer Kopie aus der Mitte des 13. Jahrhundert: *tonoſagaban*).

Dieses Beispiel beleuchtet unter anderem auch, dass die sprachlichen Veränderungen zumeist komplex sind, in dem Sinne, dass sie nicht starr an eine sprachliche Ebene, an ein Teilsystem gebunden sind. Die Suffixwerdung der Postpositionen z. B. ist ein Ereignis der Syntaxgeschichte, der Wortartkunde, der Morphemgeschichte, aber auch der Lautgeschichte, das zugleich die Perspektivität einzelner Sprachveränderungen gut erkennen lässt. Denn jedes sprachliche Zeichen hat engere und weitere Systembeziehungen (d. h. jedes unmittelbare System ist Teil eines größeren – und so weiter – und schließlich des gesamten sprachlichen Systems), deshalb kann die Änderung eines einzelnen sprachlichen Zeichens bzw. einer Zeichengruppe auch Auswirkungen haben auf die enger und loser (nicht unmittelbar) mit ihm verbundenen Systemglieder und deren Beziehungen. Die Suffixwerdung der Postpositionen **belen, belé, belől* und anderer ruft wesentliche Veränderungen nicht nur im System der Postpositionen sowie der Suffixe hervor, sondern auch in der Satzkonstruktion, ja der Struktur der gesamten Sprache, da sie an der Zurückdrängung der analytischeren Konstruktionsweise und zugleich an der Stärkung des synthetischen Charakters der ungarischen Sprache beteiligt ist. Denn die Postposition drückt ihre grammatische Bedeutung als selbstständiges Wort aus, deshalb gehört sie zur sog. analytischen Konstruktionsweise; das Suffix wiederum ist ein Affix, das am vor ihm stehenden Wort haftet und das Nomen dadurch zum Adverb macht, weshalb wir dies als synthetische Konstruktionsweise bezeichnen.

In der attributiven Konstruktion *ez ... vilagbele* sehen wir, dass *ez* noch nicht die Postposition (das spätere Suffix) des attributierten Wortes an sich zieht; hier steht noch nicht »ezbelé (a) ... világbelé«, also ist die Kongruenz erst in der Periode nach der Grabrede in diese Konstruktion eingedrungen: *ebbe a ... világba.*

Im Wort *iſemucut* steht das Possessivsufix der 1. Pers. Plural in der Form *-mük* (heute: *-nk*, bzw. *-unk*/*-ünk*). Später aber kommt auch in diesem Wort die sog. Tendenz der zwei offenen Silben zur Geltung, welche besagt, dass bei drei oder vier offenen (auf Vokal endenden) Silben in einem Wort der Vokal der zweiten oder dritten Silbe ausfällt bzw. ausfallen kann: in *isemüköt* fiel der dritte aus, sodass *-m-* und *-k-* nebeneinander stehen (diesen Zustand bewahrt *uromc [urunk]* in der Grabrede). Aus der Lautverbindung *-mk-* wurde – als Ergebnis der Assimilierung gemäß der Bildungsstelle – *-nk* (bzw. *-ŋk*, wo *ŋ* den der Bildungsstelle der Verschlusslaute *k*, *g* entsprechenden palatovelaren Nasal bezeichnet; da aber dieser Laut keinen Fonemwert hat, sondern eine Variante des Fonems *n* ist, wird er in der ungarischen Rechtschreibung mit *n* bezeichnet).

Von den grammatischen Problemen sollen nun noch kurz die Verbformen betrachtet werden. In dem zitierten Abschnitt kommen zwei Vergangenheitsformen vor, die in der heutigen Sprache fehlen: *odutta vola* sowie *terumteve* und *veteve*. In der alten Sprache waren (einerseits als uraltes Erbe, andererseits infolge innerer Entwicklung und lateinischen Einflusses) mehrere Vergangenheiten in Gebrauch. Diese hatten seinerzeit (z. B. in der Periode der Kodizes) eigene Funktionen im System der Zeitrelation. Später, seit dem 16.–17. Jahrhundert, begann allerdings der funktionale Unterschied zwischen ihnen zu verblassen, bis letztlich nach dem Verschwinden eines großen Teiles der Vergangenheiten die Erzählvergangenheit mit dem Zeichen *-á/-é* (die noch im 19. Jahrhundert sehr lebendig war) und schließlich das Perfekt mit dem Zeichen *-t* ~ *-tt* übrig blieb. Die Zahl der Vergangenheiten verringerte sich also (aber es verschwand auch das Futur mit dem Zeichen *-and/-end* < *-amd/ -emd*, das ebenfalls in der Grabrede vorkommt: *emdül* ›du wirst essen‹), was eine wesentliche Veränderung im grammatischen System war. Aber ebenso wie die übrigen sprachlichen Änderungen ging auch diese in enger Wechselwirkung mit den Veränderungen in anderen Sphären des Sprachsystems vor sich – vor allem mit dem Ausbau und der Bereicherung des Systems der Verbalpräfixe. Das Verbalpräfix konnte nämlich zunehmend besser Funktionen übernehmen, die bisher von den verschiedenen Tempi ausgefüllt wurden, ja sogar noch mehr: »... zu den Funktionen des Verbalpräfixes gehört neben den variablen sonstigen Schattierungen im Großteil der Fälle die Perfektivierung, also in der Verbvergangenheit die Bezeichnung des Abgeschlossenseins der Handlung, des Geschehens (*megírtam a levelet* ›ich habe den Brief fertig geschrieben‹) und im Präsens die Bezeichnung des Beginnens (*megírom a levelet* ›ich schreibe [gleich, bald] den Brief‹). Die gesonderten Verbformen – die laufende Vergangenheit bzw. die vollendete oder Erzählvergangenheit – konnten nur im Indikativ und in der Vergangenheit den Unterschied zwischen abgeschlossenem und laufendem Handeln oder Geschehen zum Ausdruck bringen. Deshalb erwies sich das Verbalpräfix, das in Tempus und Modus, ja sogar auch in den Ableitungen zum Verbstamm hinzutreten konnte, als ein viel elastischeres Mittel und machte die Unterscheidung der laufenden und der vollendeten Vergangenheit durch gesonderte Verbformen bzw. Konstruktionen (mit zusammengesetzten Verbformen: *írt vala, írt volt* usw.) überflüssig. Da der menschliche Geist bei der Gestaltung und ebenso bei der Modifizierung des Sprachsystems auch unbewusst eine gewisse Ökonomie anstrebt, hat unter den bestehenden Möglichkeiten üblicherweise die vorteilhafteste Lösung mehr Chancen zum Überleben, zur Erfüllung der notwendigen Funktionen, während die andere langsam verkümmert« (Bárczi 1963, 280; vgl. D. Mátai 1989).

Eine bunte, außerordentlich reichhaltige Gruppe sprachlicher Veränderungen bilden die Bedeutungsveränderungen, die Änderungen der Bedeutung von Wörtern und Wortverbindungen. Wir wollen das mit dem Wort *munkás* aus dem Zitat der Grabrede anschaulich machen: In der Konstruktion *munkás világ* ist es Attribut, von der Wortart her ein Adjektiv mit der Bedeutung ›qualvoll, voll mit Leiden‹. ›Qual, Leiden, Pein‹ bedeutet auch das aus dem Slawischen entlehnte *munka* (vgl. z. B. russ. *мука*). Die Bedeutungsveränderung, die dieses Wort seither durchgemacht hat (heute bedeutet es ›Arbeit, bewusste, zweckvolle menschliche Tätigkeit‹), wird als gesellschaftsgeschichtlich begründet erklärt. Auch aus anderen Sprachen gibt es Beispiele für ähnliche Bedeutungsveränderungen: lat. *labor* ›Übel, Mühe, Mangel; Arbeit‹, franz. *travail* ›Arbeit‹ < volkstüml. lat. *tripalium* ›Foltergerät‹; dt. *Arbeit* < mhdt. *arebeit* ›Mühe, Plage‹ usw. (vgl. TESz./EWUng.).

Der Wortbestand ändert sich auch in der Weise, dass einzelne Elemente veralten, aus dem Gebrauch verschwinden (z. B. *Heon, iſa* in der Grabrede), zugleich aber neue Elemente hinzukommen (diese sind viel häufiger). – Aber auch die Wortart eines Wortes kann sich im Laufe der Zeit ändern: Das Adjektiv *munkás* wurde zum Substantiv, aus dem Demonstrativpronomen *az* von *evec oȝ ... gimilſtwl* entstand eine neue Wortart: der bestimmte Artikel usw.

Beim Lesen der Grabrede, aber auch anderer Sprachdenkmäler fällt am meisten ins Auge, wie anders früher die Lautform der Wörter war. Die Geschichte des Lautsystems ist durch eine große Reihe vielfältiger, aber regelmäßiger und eng miteinander zusammenhängender Veränderungen charakterisiert.

Um aber über die Laute irgendwelche Feststellungen treffen zu können, müssen wir sie hinter den geschriebenen Buchstaben erkennen. Denn leider sind aus den frühen Jahrhunderten keine Magnetofonaufnahmen überliefert, sondern Schriftstücke (und wie sehr müssen wir uns freuen, dass wir zumindest diese haben!), die erst »zum Sprechen gebracht« werden müssen, indem wir ihre damalige Lautung, die »Lesung« feststellen. Das ist eine höchst schwierige Aufgabe, vor allem wegen der Vielfalt und Variabilität der Lautbezeichnung. Zur Feststellung der Lesung brauchen wir vielseitige, gründliche Kenntnisse der Rechtschreibgeschichte und der gesamten Sprachgeschichte. Die größten ungarischen Sprachwissenschaftler haben sich bemüht, die Grabrede in diesem Sinne zum Sprechen zu bringen: József Szinnyei, Gedeon Mészöly, Géza Bárczi, Dezső Pais (s. Molnár/Simon 1976, 26–33) und zuletzt Loránd Benkő (Benkő 1980, 47–49). Gute Informationen über die Entstehung, die Schwankungen und schließlich die Stabilisierung des ungarischen Lautbezeichnungssystems und über die Geschichte der ungarischen Rechtschreibung bieten die Arbeiten von István Kniezsa, z. B. 1952, sowie Fábián 1967; Farkas 1971; Szemere 1974.

Der lange Auslautvokal von *ßalá, eléßé ~ eleßé* in der Grabrede verkürzte sich, die Stelle des *i* in *isemüköt* nahm ein labiales *ü* und später ein um einen Grad offeneres langes *ő* ein, der bilabiale Spirant im Auslaut des Personalpronomens *miß* wurde zum Vokal, d. h. vokalisierte sich *(miü)*, der Diphthong vereinfachte sich zum langen *í* bzw. langen *ű*, die sich seither verkürzten (*mi* bzw. *mü*) usw. Diese Lautveränderungen vollziehen sich mit einer an Zeit und Ort (an das Sprachgebiet) gebundenen charakteristischen Tendenz, und zwar immer in einer bestimmten Lautumgebung und fonetischen Lage.

Achten wir genauer darauf, finden wir auch Formen, die nur in der heutigen Umgangssprache anders klingen, aber in einzelnen Mundarten ebenso wie vor achthundert Jahren: Personalpronomen *ű (ő); szëgín embër lilkíért* (*szegény ember lelkéért* ›um die Seele des armen Menschen‹) usw. In diesem Zusammenhang muss eine interessante Charakteristik der Sprachentwicklung genannt werden, dass nämlich die sprachliche Veränderung nicht einlinig verläuft, sondern »mehrspurig«, und zwar schon deshalb, weil auch die Sprache selbst nicht einheitlich ist, sondern in mehreren sog. inneren Typen existiert. Man muss für die Jahrhunderte um die Landnahme unbedingt mit einer geografischen Gliederung, also mit der

Existenz verschiedener Mundarten rechnen (vgl. Benkő 1957). Da es damals aber noch keine einheitliche sog. Literatur- bzw. Umgangssprache gab, ging die Veränderung in den existierenden Mundarten vor sich, oftmals auf sehr unterschiedliche Weise. Häufig kommen als Ergebnis von Parallelentwicklungen nicht aufeinander rückführbare Doppelheiten zu Stande, die mundartliche Unterschiede aufweisen. Das gibt es natürlich nicht nur bei den Lauten, sondern in allen Bereichen des Sprachsystems. Auf solche Weise wird das uralte **szim* in der Mundart der Grabrede zu *szüm* und zu *szëm* in der Mundart, aus der diese Lautform in die Umgangssprache gelangte. In einem Teil des Palotzen-Mundartgebietes wird auch heute das frühere Suffix *-vel* benutzt (z. B. *kàpāvel*), während andere Mundarten nach dem Gesetz der Vokalharmonie und in Analogie zu den übrigen zweiförmigen Suffixen die velare Variante entwickelt haben (*kapával*). Als Ergebnis der Lautveränderungen entstanden zwei Varianten des Possessivsuffixes 3. Pers. Sing.: *-é* und *-í* (> *-ë*, *-i*), deren Gebrauch ebenfalls mundartlich gegliedert ist, aber in der Formel *kezitcsókolom* ›küss die Hand‹ z. B. verbirgt sich *-i* (ebenso: *se szeri, se száma* ›sehr viel‹ usw.). – Wir müssen also immer mit der Mehrspurigkeit der sprachlichen Entwicklung rechnen.

In dem analysierten Abschnitt der Grabrede finden wir neben den Veränderungen auch das Phänomen des Bestehenbleibens, der Tradierung. Noch immer verwenden wir z. B. die Wortform mit Akkusativsuffix *Ádámot, paradicsomot* unverändert in Bedeutung wie Lautform (das illabiale *à* von *paradicsom* blieb nur in der Palotzen-Mundart erhalten; in anderen Mundarten und in der Umgangssprache wird es mit labialem *a* ausgesprochen). Bestehen blieb auch das Wort *világ* (in der Altungarischen Marienklage steht es in einer herrlichen figura etymologica-Konstruktion – Stammwiederholung – vor uns: *Výlag vilaga* [s. Anhang 3]; über die Verbindung mit *virág* vgl. TESz./EWUng.). – Unverändert blieb auch *neki*, das die suffigierte Form des Personalpronomens 3. Pers. Sing. *-nek* ist. – Auch die Morphemkonstruktion und Bedeutung des Pronomens *mënyi* ist unverändert, heute allerdings mit langem *-nny-*, was vermutlich analog zu *annyi* entstanden ist. Das lange *-nny-* in *annyi* entstand durch völlige Assimilierung aus *az-nyi*. Aber wieso kann dies auf *me-nyi* einwirken? Deshalb, weil das Fragepronomen (*me-nyi*) und das Demonstrativpronomen (*annyi*) im Text häufig nahe beieinander vorkommen und sich dadurch die Möglichkeit zur Analogiebildung, zur Angleichung ergibt. Aus *jőnek-mennek* wird so *jönnek-mennek* ›sie kommen und gehen‹, aus *toldoz-foltoz* wird *toldoz-foldoz* ›anstückeln-flicken‹, aus *örökön-örökké* wird *örökkön-örökké* ›in Ewigkeit‹, aus *világos kivirradtig* wird *kivilágos kivirradtig* ›bis zum helllichten Tag‹, aus *elsőleges-másodlagos* wird *elsődleges-másodlagos* ›primär und sekundär‹ und neuerdings sogar *látszódlagos* ›scheinbar‹ usw. Das Antonym von *pénzért (ad valamit)* ›(etwas) für Geld (geben)‹ war früher *ingyen (ad valamit)* ›(etwas) umsonst (geben)‹, heute ist schon die Form *ingyért, olcsóbbért* ›billiger‹ üblich.

ANHANG

1. Skizzenartige chronologische Übersicht der ungarischen Sprachgeschichte

Die Geschichte der ungarischen Sprache begann etwa vor 3000 Jahren: um 1000 v. Chr. wurde das Ungarische zur selbstständigen Sprache. Die ungarische Sprachgeschichte – als Wissenschaft – studiert die sprachlichen Geschehnisse in der seither verstrichenen Zeit, und zwar in enger Verbindung mit der Geschichte des die Sprache sprechenden Volkes und seiner Gesellschaft.

Selbstverständlich hat die ungarische Sprache auch ein Vorleben, jene Periode, in der die Ungarn und die sprachverwandten Völker zusammen in einer Sprachfamilie lebten und eine im Wesentlichen identische Sprache sprachen. Dies ist die Zeit des sprachverwandtschaftlichen Zusammenlebens. Die Untersuchung dieser Periode ist Aufgabe der uralischen bzw. finnougrischen Sprachwissenschaft.

Betrachten wir, zu welchen Zeiten andere Sprachfamilien auseinander fielen, stellt sich heraus, dass die ungarische Sprache schon seit viel längerer Zeit ein selbstständiges Leben führt, als dies z.B. bei einzelnen indogermanischen Sprachen der Fall ist. Infolge dessen hat sich das Ungarische als von seinen verwandten Sprachen unabhängige Variante auch in größerem Maße verändert. Der Bulgare versteht den Russen gut und umgekehrt, der Italiener den Spanier usw., aber der Ungar versteht keine einzige uralische Sprache.

Im Weiteren folgt ein skizzenhafter, nach Zeitaltern gegliederter chronologischer Überblick über die Geschichte der ungarischen Sprache.

DIE PERIODE DES SPRACHVERWANDTSCHAFTLICHEN ZUSAMMENLEBENS

- Periode der uralischen Grundsprache (bis 4. Jahrtausend v. Chr.)
- Periode der finnougrischen Grundsprache (vom 4. Jahrtausend bis Beginn des 2. Jahrtausends v. Chr.)
- Periode der ugrischen Grundsprache (Beginn des 2. Jahrtausends bis 1000–500 v. Chr.)

Die Periode der urungarischen Sprache (urungarische Zeit) (1000–500 v. Chr. bis zur Landnahme, 896)

Die Entstehungszeit der selbstständigen ungarischen Sprache
Periode ohne Sprachdenkmäler. Umfasst die Periode der Wanderung und die Zeit der ersten türkischen Einflüsse bis zur Landnahme bzw. Eingliederung in den christlichen Kulturkreis. Die ungarische Sprache gliedert sich in Stammesdialekte.

Die altungarische Zeit (von der Landnahme, 896, bis zur Schlacht bei Mohács, 1526)

Die Anfänge und Keime der Herausbildung der Literatursprache
Von 896 bis zum Ende des 14. Jahrhunderts: Mit der Landnahme wurde die Gliederung in Stammesdialekte zur territorialen Gliederung.

Zeit der Anfänge einer ungarischsprachigen Schriftlichkeit (Entstehungszeit der ersten Sprachdenkmäler).

Beginn der Homogenisierung der sprachlichen Formelemente in der Rechtschreibung und bei gewissen fonetisch-morphologischen Erscheinungen.

Vom Ende des 14. Jahrhunderts bis zur Schlacht bei Mohács, 1526: Beginn der Schriftlichkeit in Buchgestalt (Zeit der Kodizes). Nicht in erster Linie infolge der politischen, kulturellen und sonstigen Verhältnisse, sondern vor allem aufgrund des Einflusses der lateinischen Sprache zeigt sich eine gewisse Vereinheitlichung in den sog. inhaltlichen Elementen der Sprache: im Bereich einzelner syntaktischer Erscheinungen, in der Phraseologie und bei gewissen stilistischen Formen. Dieser Sprachgebrauch ist noch recht eng begrenzt und hat keinen Einfluss auf die gesprochene Sprache.

Die mittelungarische Zeit (von 1526 bis zur Aufklärung, bis 1772)

Die Herausbildung der Literatursprache
Die wirtschaftlichen, gesellschaftlichen, politischen und kulturellen Faktoren jener Zeit (die Dreiteilung des Landes, der ungarische Humanismus, die Reformation, die Ausweitung der weltlichen Literatur und des Buchdrucks, die Entstehung einer Literatenschicht, die außerliterarische Schriftlichkeit, die siedlungs- und bevölkerungsgeschichtlichen Veränderungen, das selbstständige und aufblühende Siebenbürgen) verstärken die Vereinheitlichung und

Normenbildung. Der Charakter der ungarischen Literatursprache hat sich – zumindest ungefähr – bis zum Ende der Periode herausgebildet.

DIE NEUUNGARISCHE ZEIT (VON 1772 BIS HEUTE)

Die Stabilisierung der Literatursprache (von 1772 bis zur 2. Hälfte des 19. Jahrhunderts)

Die Aufklärung, die damit verbundene Spracherneuerung und später der Vormärz führen durch ihre vielfältigen Einflüsse zu einer Erweiterung des bis dahin relativ ärmlichen Wort- und Ausdrucksschatzes, zur Erneuerung des Stils und zu einer weiteren Ausdehnung des fonetischen und orthografischen Normensystems. – Die bis zur Aufklärung in ihrem Charakter schon weitgehend ausgebildete Literatursprache wird bis zur zweiten Hälfte des 19. Jahrhunderts auch funktional zur echten Literatursprache.

Die Bereicherung der Literatursprache
(von der 2. Hälfte des 19. Jahrhunderts bis heute)

Die Vereinheitlichung der formalen (fonetischen und morphologischen) Elemente wird abgeschlossen, das Normensystem stabilisiert sich, und auch seine gesellschaftliche Akzeptanz dehnt sich aus.

Seit den 30er bzw. 50er Jahren des 20. Jahrhunderts wird die Literatursprache vor allem um inhaltliche Elemente bereichert, zugleich wächst der Einfluss der gesprochenen Sprache, der Umgangssprache, auf die Literatursprache.

Parallel zur Verdrängung der Mundarten erstarken die zwischen Umgangssprache und Mundarten angesiedelten sog. regionalen Umgangssprachen.

2. Grabrede und Bittgebet (ung. Halotti beszéd és könyörgés [HB.]), das erste handschriftlich erhaltene ungarischsprachige Textdenkmal (zwischen 1192 und 1195)

a) Der Text der lateinischen Quelle der HB. im Pray-Kodex mit heutiger Rechtschreibung
(In: Mészöly, Gedeon: *Ómagyar szövegek nyelvtörténeti magyarázatokkal* [Altungarische Texte mit sprachgeschichtlichen Erklärungen]. Budapest 1956, 106–108)

Hic faciat sacerdos sermonem populo. (1) Optime nostis, fratres carissimi, dei misericordiam, (2) quanta gratia dominus deus gratificaverat primum Adam, patrem (3) nostrum; sed diabolo suadente dum peccavit, quid sibi et omnibus suis (4) posteriis tunc promeruit, ecce, fratres, videtis oculis vestris. (5) Considerate, fratres, in quanta beatitudine constabat ille (6) primus Adam, quod et eum non mori, sed in aeternum vivere (7) creaverat dominus. Delectabilem domum dederat ei dominus, scilicet (8) paradisum, sed eo ibi manente praecepta domini postposuit, postquam (9) a diabolo deceptus de illo vetito fru-(10)-ctu comedit, et in illo fructu et sibi et omni humano generi mortem comedit. Solus (11) ipse peccavit tunc, fratres; utinam soli ipsi suffecisset hoc peri-(12)-culum perpeti. Sed, quid per Ezechielem prophetam dicit nobis dominus, (13) consideremus, fratres. Patres, inquit, tunc comederunt uvam acerbam, (14) sed modo dentes filiorum obstupescunt. Videtis, fratres, cotidie oculis (15) vestris, quoniam cotidie obstupescunt dentes nostri, cum et cotidie mor-(16)-tis amaritudine amaricamur. Paradisus erat, fratres, mansio (17) nostra, non ista fovea, sed primi parentis nostri transgressio promeruit (18) nobis hanc mansionem. Tunc, fratres, expulsi sumus ab illa delec-(19)-tabili domo et incidimus in manus diaboli, qui et multo tempore deti-(20)-nuit nos sub potestate sua. Tandem misericors dominus recor-(21)-datus est, quoniam pulvis sumus. Descendit de caelo ad terram ac per (22) multa tempora perditum hominem quaesivit et invenit, quem et (23) pretioso sanguine suo redemit, sicque gaudens illuc eum (24) reduxit, unde et primum corruerat. Igitur, fratres, non ista fo-(25)-vea est mansio nostra, sed sicut beatus Paulus dicit, ita est nobis cre-(26)-dendum. Nostra – inquit – conversatio in caelis est. Quibus, fratres, (27) parata est illa caelestis mansio, optime nostis. Iustis (28) et omnibus illis, qui in hoc saeculo in bono opere perseverant. Debi-(29)-tores sumus, fratres, ut homo hominem, mortalis mortalem sepeliat (30) et pro eo orationem faciat eique a deo misericordiam imploret. Ro-(31)-gamus igitur vos, fratres, ut sicut vos a deo cotidie quaeritis vobismet ipsis misericordiam et remissionem, similiter quaeratis et huic mise-(32)-ro homini hodie a deo misericordiam et si cui aliquid peccavit, omnes pro deo (33) hodie remissionem faciatis sibi. *Alia.* Orate, fratres, hodie (34) pro eo, quatenus dei misericordia hic eum requiescere faciat et finito mundi termino (35) cum omnis homo resurget, quando et dominus deus ad iudicium veniet, tunc (36) per intercessionem beatissimae virginis Mariae et omnium sanctorum suorum (37) iste miser homo non ad iudicium, sed ad dei gratiam resurgat. Kyrieleyson. (38) Oremus, fratres carissimi, pro spiritu cari (carae) nostri (nostrae), quem (quam) dominus de laqueo huius saeculi vocare (39) dignatus est, cuius corpusculum hodie sepulturae traditur, (40) ut eum (eam) pietas domini immensa in sinum Abrahae, Ysaac et Iacob (41) collocare dignetur, ut cum dies iudicii advenerit, inter sanctos et (42) electos suos eum (eam) in parte dextera collocandum (collocandam) resuscitari faciat.

b) Faksimile der HB.

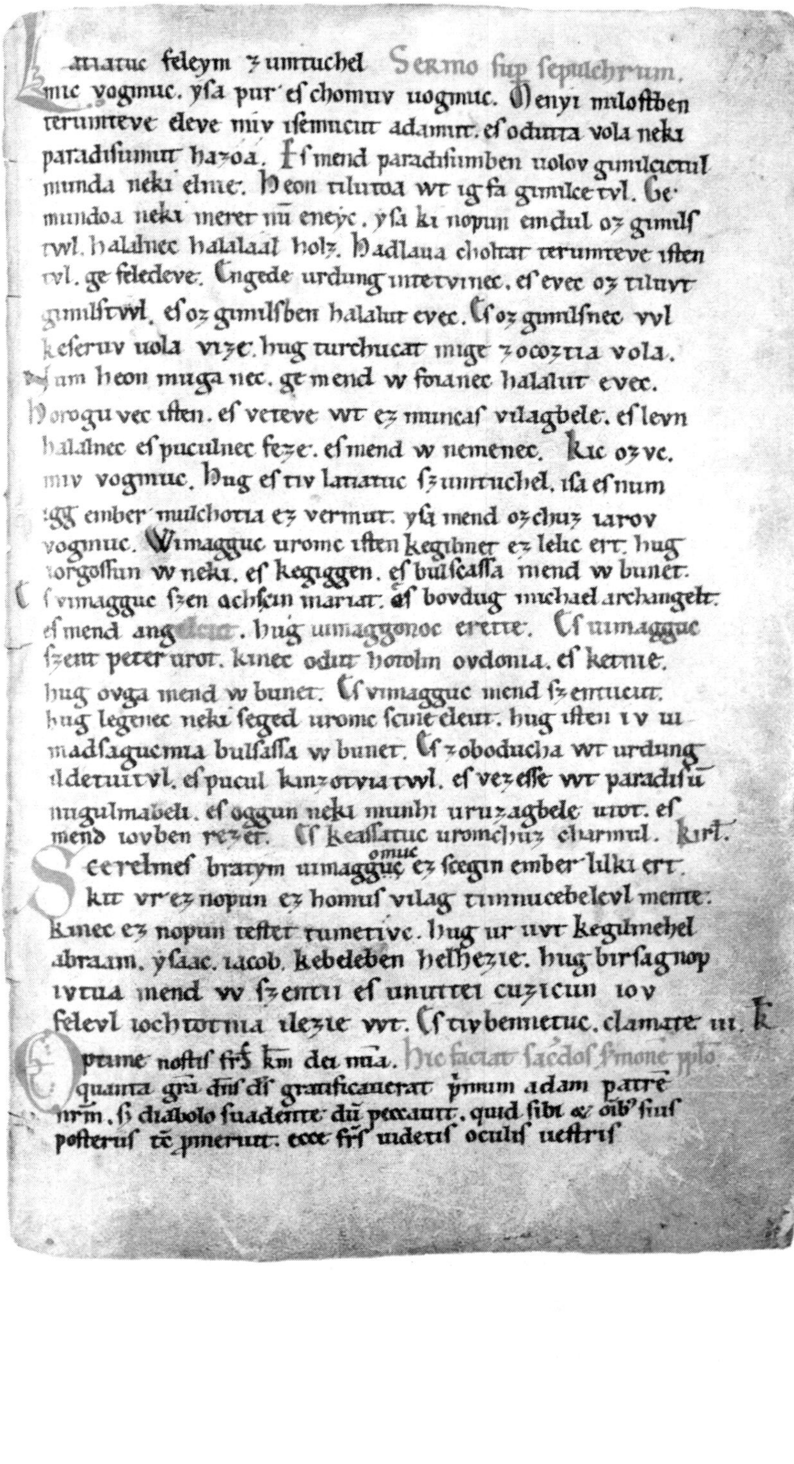
Latiatuc feleym zumtuchel Sermo sup sepulchrum.
mic vogmuc. ysa pur es chomuv uogmuc. Menyi milostben
terumteve eleve miv isemucut adamut. es odutta vola neki
paradisumut hazoa. Es mend paradisumben uolov gimilcictul
munda neki elnie. Heon tiluvtoa wt ig fa gimilce tvl. Ge
mundoa neki meret nu eneyc. ysa ki nopun emdul oz gimils
twl. halalnec halalaal holz. Hadlaua choltat terumteve isten
tvl. ge feledeve. Engede urdung intetvinec. es evec oz tiluvt
gimilstwl. es oz gimilsben halalut evec. Es oz gimilsnec vvl
keseruv uola vize. hug turchucat mige zocoztia vola.
Nem heon muganec. ge mend w foianec halalut evec.
Horogu vec isten. es veteve wt ez muncas vilagbele. es levn
halalnec es puculnec feze. es mend w nemenec. Kic ozvc.
miv vogmuc. Hug es tiv latiatuc szumtuchel. isa es num
igg ember mulchotia ez vermut. ysa mend ozchuz iarov
vogmuc. Wimagguc urome isten kegilmet ez lelic ert. hug
iorgossun w neki. es kegiggen. es bulsassa mend w bunet.
Es vimagguc szen achscin mariat. es bovdug michael archangelt.
es mend angelcut. hug uimaggonoc erette. Es uimagguc
szent peter urot. kinec odut hotolm ovdonia. es ketnie.
hug ovga mend w bunet. Es vimagguc mend szentucut.
hug legenec neki segid uromc scine eleut. hug isten iv ui
madsaguemia bulsassa w bunet. Es szoboducha wt urdung
ildetuitvl. es pucul kinzotviatwl. es vezesse wt paradisu
nugulmabeli. es oggun neki munhi uruzagbele utot. es
mend iovben rezet. Es keassatuc uromchuz charmul. Kirl.
Scerelmes bratym uimagguc omuc ez scegin ember lilki ert.
kit vr ez nopun ez homus vilag timnucebelevl mente.
kinec ez nopun testet tumetivc. hug ur uvt kegilmehel
abraam. ysaac. iacob. kebeleben helhezie. hug birsagnop
ivtua mend w szentii es unuttei cuzicun iov
felevl iochtotnia ilezie wt. Es tiv bennetuc. clamate iii. K
Optime nostis frs km dei mia. Hic faciat sacerdos sermone pplo
quanta gra dns ds gratificaverat primum adam patre
nrm. si diabolo suadente dum peccavit. quid sibi et oib' suis
posteris tc pmeruit. ecce frs videtis oculis vestris

c) Paläografische Transkription der HB.
(E. Abaffy Erzsébet: Magyar Nyelv 86, 1990, 125)
[die in Kapitel IV analysierten Teile sind unterstrichen]

Latiatuc feleym ʒumtuchel

mic vogmuc. ýʃa pur eʃ chomuv uogmuc. Menẏi miloʃtben
terumteve eleve mív iʃemucut adamut. eʃ odutta vola neki
paradiʃumut haʒóá. Eʃ mend paradiʃumben uolov gimilcíctul
munda nekí elnie. Heon tilutoa wt ig fa gimilcetvl. Ge
mundoa nekí meret nū eneẏc. ẏʃa kí nopun emdul oʒ gimilʃ
twl. halalnec halaláál holʒ. Hadlaua choltat terumteve iʃten
tvl. ge feledeve. Engede urdung intetvinec. eʃ evec oʒ tiluvt
gimilʃtwl. eʃ oʒ gimilʃben halalut evec. Eʃ oʒ gimilʃnec wl
keʃeruv uola viʒe. hug turchucat mige ʒocoʒtia vola.
Num heon muga nec. ge mend w foianec halalut evec.
Horoguvec iʃten. eʃ veteve wt eʒ muncaʃ vilagbele. eʃ levn
halalnec eʃ puculnec feʒe. eʃ mend w nemenec. Kic oʒuc.
miv vogmuc. Hug eʃ tiv latiatuc ʃʒumtuchel. iʃa eʃ num
igg ember mulchotia eʒ vermut. yʃa mend oʒchuʒ iarov
vogmuc. Wimagguc uromc iʃten kegilmet eʒ lelic ert. hug
iorgoʃʃun w neki. eʃ kegiggen. eʃ bulʃcaʃʃa mend w bunet.
Eʃ vimagguc ʃʒen achʃcin mariat. eʃ bovdug michael archangelt.
eʃ mend angelcut. hug uimaggonoc erette. Eʃ uimagguc
ʃʒent peter urot. kinec odut hotolm ovdonia. eʃ ketnie.
hug ovga mend w bunet. Eʃ vimagguc mend ʃʒentucut.
hug legenek nekí ʃeged uromc ʃcine eleut. hug iʃten ív ui-
madʃagucmia bulʃaʃʃa w bunet. Eʃ ʒoboducha wt urdung
ildetuitvl. eʃ pucul kinʒotviatwl. eʃ veʒeʃʃe wt paradiʃū
nugulmabeli. eʃ oggun neki munhi uruʒagbele utot. eʃ
mend iovben reʒet. Eʃ keaʃʃatuc uromchuʒ charmul. Kirl.

Scerelmeʃ bratým uimagguc [uimaggomuc] eʒ ʃcegin ember lilki ert.
kit vr eʒ nopun eʒ homuʃ vilag timnucebelevl mente.
kinec eʒ nopun teʃtet tumetívc. hug ur uvt kegilmehel
abraam. ẏʃaac. iacob. kebeleben helheʒie. hug birʃagnop
ivtua mend w ʃʒentíí eʃ unuttei cuʒicun iov
felevl iochtotnia ileʒie wt. Eʃ tiv bennetuc. clamate III. K̄

d) Deutung der HB.
(In: Benkő, Loránd: *Az Árpád-kor magyar nyelvű szövegemlékei* [Die ungarischsprachigen Textdenkmäler der Arpadenzeit]. Budapest 1980, 55)

Látjátok, feleim, szemetekkel,
mik vagyunk: isa, por és hamu vagyunk. Mennyi malasztban
teremté eleve [úr] mi ősünket, Ádámot, és adta vala neki
paradicsomot házzá. És mind[en], paradicsomban való gyümölcsöktől
monda neki élnie. Heon tiltá őt egy fa gyümölcsétől. De
mondá neki, mért ne ennék: »isa, [a]ki napon eendel az[on] gyümölcs-
től, halálnak halálával halsz«. Hallá holtát teremtve (teremtő?) isten-
től, de feledé. Engede ördög intetének, és evék az[on] tiltott
gyümölcstől, és az[on] gyümölcsben halált evék. És az[on] gyümölcs-
nek oly keserű vala vize, hogy torkukat (torkát?) megszakasztja vala.
Nem heon magának, de mind[en] ő fajának halált evék.
Haraguvék isten, és veté őt ez munkás világba: és lőn
halálnak és pokolnak fésze (fésszé?), és mind[en] ő nemének.
Kik azok? mi vagyunk. [A]hogy is ti látjátok szemetekkel; isa, is nem
egy ember múlhatja e vermet, isa, mind ahhoz járó
vagyunk. Imádjuk urunk isten kegyelmét e lélekért, hogy
jorgasson őneki, és kegyedjen, és bocsássa mind[en] ő bűnét!
És imádjuk szent asszony Máriát és boldog Mihály arkangyalt
és mind[en] angyalokat, hogy imádjanak érte! És imádjuk
szent Péter urat, [a]kinek ad[at]ott hatalom oldania és kötnie,
hogy oldja mind[en] ő bűnét! És imádjuk mind[en] szenteket,
hogy legyenek neki segéd urunk színe előtt, hogy isten ő
imádságuk miá bocsássa ő bűnét! És szabadítsa őt ördög
üldetétől és pokol kínzatától, és vezesse őt paradicsom
nyugalmába, és adjon neki mennyei országba utat, és
mind[en] jóban részt! És kiáltsátok urunkhoz hármul: kyrie eleison!

Szerelmes barátaim! imádju(n)k e szegény ember lelkéért,
[a]kit úr e napon hamis világ tömlöcéből mente,
[a]kinek e napon testét temetjük, hogy úr őt kegyelmével
Ábrahám, Izsák, Jákób kebelében helyezze, hogy bírságnap
jutva mind[en] ő szentei és önöttei közükön jó
felől iktatnia élessze őt! És tibennetek. Clamate ter: kyrie eleison!

e) Deutsche Übersetzung der HB.
(Vom Besten der alten ungarischen Literatur.
Hrsg. von Tibor Klaniczay, Budapest 1978, 27–28)

Die Grabrede

In den lateinischen Texten erscheinen in Ungarn seit frühester Zeit einzelne ungarische Wörter, Ausdrücke, hauptsächlich Personen- und Ortsnamen. Im Laufe der Aufzeichnung dieser sporadischen Sprachdenkmäler gestaltete sich für das Schreiben der ungarischen Wörter mit der Zeit eine gewisse Praxis aus; das lateinische Abc erwies sich als geeignet zur Bezeichnung sämtlicher ungarischer Laute. So wurde langsam auch die Niederschrift zusammenhängender ungarischer Texte ermöglicht. Unter den alten ungarischen Sprachdenkmälern ist die »Grabrede« vom Ende des 12. Jahrhunderts das älteste. Der Text blieb in einem liturgischen Kodex, dem sog. Pray-Kodex, unter den einschlägigen lateinischen Texten erhalten. Einen dieser Texte arbeitete der unbekannte ungarische Autor, zweifellos ein Priester, in seine Muttersprache um. Er übersetzte nicht Wort für Wort, sondern folgte frei dem Gedankengang des lateinischen Originals, wobei er gutes Stilgefühl verriet.

Meine lieben Brüder und Schwestern, seht hier mit Euren eigenen Augen, was wir sind! Wahrlich, wir sind nichts als Staub und Asche. Gott in seiner großen Gnade hat unseren Urvater Adam geschaffen und ihm das Paradies zur Heimstatt angewiesen. Und von allen Früchten des Paradieses dürfe er sich nähren, sagte er ihm, nur die Frucht eines Baumes wurde ihm verboten. Und er sagte ihm, warum er davon nicht essen dürfe. »Wahrlich, ich sage Dir, an dem Tage, da Du von dieser Frucht isst, stirbst Du den Tod des Todes!« So wurde ihm sein Tod von Gott, seinem Schöpfer, angedroht, aber er vergaß es. Er gab den Einflüsterungen des Teufels nach und aß von der verbotenen Frucht. Und er aß den Tod von dieser Frucht. Und der Saft dieser Frucht war so bitter, dass er ihm die Kehle zuschnürte. Er aß den Tod, nicht nur für sich, er aß ihn für sein ganzes Geschlecht.

Gott zürnte ihm und er verbannte ihn aus dem Paradies in ein qualvolles Leben, und Adam wurde die Quelle des Todes und der Hölle für alle späteren Geschlechter. Aber wer sind diese? Das sind wir, meine lieben Brüder und Schwestern, wie Ihr selbst sehen könnt mit Euren eigenen Augen.

O gewiss, jeder von uns muss einmal in die Grube fahren. Gewiss sind wir alle auf dem Wege dorthin. So wollen wir Gott, unseren Herrn, um Gnade bitten für diese arme Seele hier. Er möge sich seiner erbarmen, ihm gnädig sein und ihm alle seine Sünden verzeihen. Und bitten wir die Jungfrau Maria und den Erzengel Michael und alle Engel, dass sie für ihn beten. Und wir wollen auch den heiligen Petrus bitten, dem die Macht gegeben ist, loszusprechen oder zu verdammen, dass er ihn losspreche von allen seinen Sünden. Alle Heiligen wollen wir bitten, dass sie zu seiner Hilfe vor das Angesicht Gottes treten, damit Gott um ihrer Gebete willen ihm seine Sünden verzeihe – dass Gott ihn befreie von den Verfolgungen des Teufels und den Qualen der Hölle, es ihm gut ergehen lasse und ihn in den Frieden des Paradieses und auf den himmlischen Weg führe. Und dreimal wollen wir zu unserem Herrn rufen: Kyrie eleison!

Meine lieben Brüder und Schwestern! Lasst uns beten für die arme Seele dieses Menschen, den der Herr am heutigen Tage aus dem Gefängnis dieser falschen Welt errettet hat. Wir begraben an diesem Tage seinen Körper, drum lasst uns beten, dass Gott mit seiner Gnade ihn in den Schoß von Abraham, Isaak und Jakob aufnehme, dass er ihn am Tage des letzten Gerichts auferwecke und neben die Heiligen und die Auserwählten zu seiner Rechten setze – so wie auch Euch alle!

Clamate ter: Kyrie eleison!

(Hans Kolbe)

3. Altungarische Marienklage (ung. Ómagyar Mária-siralom [ÓMS.]), das erste erhaltene ungarischsprachige Gedicht (vor 1300)

a) Der Text des lateinischen Planctus aus dem Löwener Kodex (in dem die ÓMS. erhalten blieb) mit heutiger Rechtschreibung (In: Mészöly, Gedeon: *Ómagyar szövegek nyelvtörténeti magyarázatokkal* [Altungarische Texte mit sprachgeschichtlichen Erklärungen]. Budapest 1956, 114–116)

Planctus ante nescia,
Planctu lassor anxia,
Crucior dolore.
Orbat orbem radio
me Judaea filio,
Gaudio, dulcore.

Fili, dulcor unice,
Singulare gaudium,
Matrem flentem respice
Conferens solatium.

Pectus, mentem, lumina
Tua torquent vulnera.
Quae mater, quae foemina
Tam felix, quam misera?
Proh dolor!

Hinc color effudit oris,
Hinc ruit, hinc fluit
Unda cruoris.
Crucior dolore.

O quis amor corporis
Tibi fecit spolia!
O quam digni pignoris
Tam amara praemia!
O quam sero deditus
Tam cito me deseris!
O quam digne gemitus
Tam abiecte moreris!
Crucior dolore.

O pia gratia sic morientis!
O fera dextera crucifigentis!
O lenis in poenis mens patientis!
O zelus, o scelus invidae gentis!
Crucior dolore.

O verum eloquium iusti Simeonis:
Quod promisit, gladium sentio doloris!
Gemitus, suspiria lacrimaeque foris
Vulneris indicia sunt interioris.
Crucior dolore.

Parcito proli:
Mors mihi soli
Sola mederis.
Morte beate separer a te,
Dummodo nate nunc crucieris.

Quod crimen, quae scelera
Gens commisit effera:
Probra, vincla, verbera,
Sputa, clavos, caetera
Sine culpa patitur.

Nato, quaeso, parcite,
Matrem crucifigite,
Aut in crucis stipite
Me simul affligite!
Male solus moritur.

b) Faksimile der ÓMS.

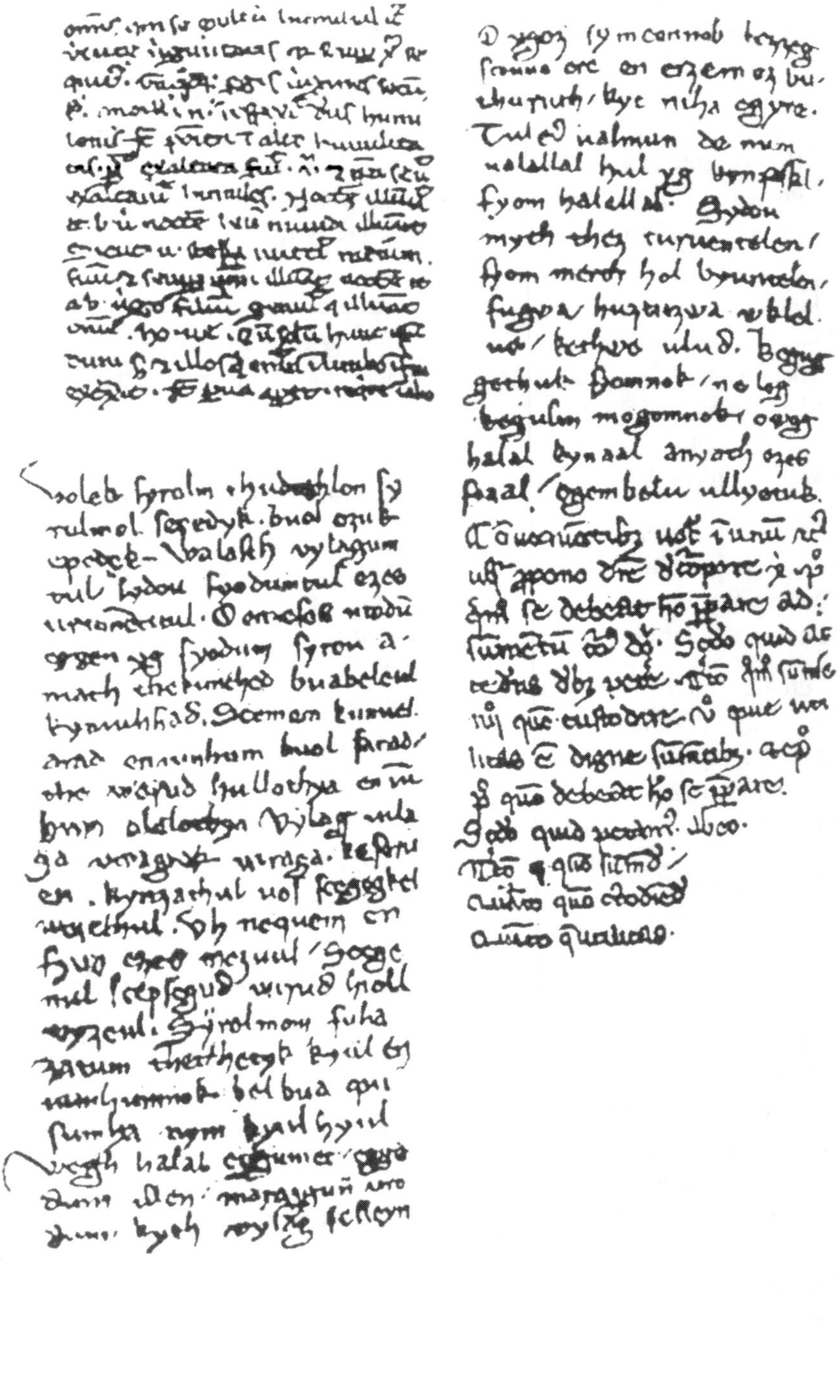

c) Paläografische Transkription der ÓMS.
(E. Abaffy Erzsébet: Magyar Nyelv 86, 1990, 126–127)

Volek ſyrolm thudotlon ſy
rolmol ſepedyk. buol oʒuk
epedek - Walaſth vylagum
tul ſydou fyodumtul eʒes
urumētuul. O en eſes urodū
eggen yg fyodum ſyrou a /
niath thekunched buabeleul
kyniuhhad. Scemem kunuel
arad en iunhum buol farad /
the werud hullothya en iū
hum olelothya Vylag uila
ga viragnak uiraga. keſeru /
en. kynʒathul uoſ ſcegegkel
werethul. Vh nequem en
fyon eʒes meʒuul / Scege
/ nul scepſegud wirud hioll
wyʒeul. Sÿrolmom fuha
/ ʒatum therthetyk kyul en
iumhumnok bel bua qui
ſumha nym kyul hyul
Wegh halal engumet / egge
dum illen / maraggun uro
dum / kyth wylag felleyn
O ygoʒ ſymeonnok beʒʒeg
ſcouuo ere en erʒem eʒ bu /
thuruth / kyt niha egyre.
Tuled ualmun de num
ualallal / hul yg kynʒaſſal /
fyom halallal. Sydou
myth theʒ turuentelen /
fyom merth hol byuntelen /
fugwa / huʒtuʒwa wklel /
/ ue kethwe. ulud. Kegug
/ gethuk fyomnok / ne leg /
kegulm mogomnok / owog
halal kynaal / anyath eʒes
fyaal / egembelu ullyetuk.

d) Deutung der ÓMS.
(In: Benkő, Loránd: *Az Árpád-kor magyar nyelvű szövegemlékei* [Die ungarischsprachigen Textdenkmäler der Arpadenzeit]. Budapest 1980, 60–61)

Valék siralom-tudatlan; si-
ralommal sepedek; búval aszok,
epedek. Választ világom-
tól, zsidó, fiadomtól, édes
örömemtől. Ó, én édes uradom,
egyenegy fiadom! síró a-
nyát tekintsed, bújából
kinyújtsad! Szemem könnyel
árad, én jonhom búval fárad;
te véred hullatja én jon-
hom alélatja. Világ vilá-
ga, virágnak virága: keserű-
en kínzatol, vas szegekkel
veretel. Óh nekem! én
fiam édes mézül, szégye-
nül szépséged, véred híul
vízül. Siralmam, fohá-
szatom tértetik kívül; én
jonhomnak bel búja, [a]ki
soha nem hűl.
Végy, halál, engemet, egye-
dem éljen, maradjon ura-
dom, [a]kit világ féljen!

Ó, igaz Simeonnak bezzeg
szava ére: én érzem ez[en] bú-
tört, [a]kit néha ígére.
Tőled válnom, de nem
valállal, hol így kínzassál,
fiam, halállal. Zsidó!
mit tesz[el] törvénytelen[ül]?
fiam miért hal bűntelen[ül]?
Fogva, húztozva, öklel-
ve, kötve ölöd. Kegyed-
jetek fiamnak, ne legy[en]
kegyelem magamnak; avagy
halál kínjával anyát édes
fiával egyenbelé öljétek!

e) Deutsche Übersetzung der ÓMS.
(In: Vizkelety, András: *Der Löwener Kodex.*
Hungarian Studies 1, 1985, 27)

Um einem Eindruck von der poetischen Qualität der ungarischen Marienklage zu vermitteln, drucken wir hier eine deutsche Prosaübersetzung ab, die die »Strophengrenzen« einhält.

Bislang kannte kein Weinen,
nun weine ich aber unentwegt,
werde vom Leid verzehrt.

Jude, du nimmst mir
meine Sonne weg, meinen lieben Sohn,
meine süße Freude.

O mein süßer, lieber Herr,
mein einziges Söhnlein!
Siehe deine weinende Mutter an,
rette sie aus ihrem Kummer!

Meine Augen sind nass von Tränen,
mein Herz verzagt vor Kummer.
Durch dein rinnendes Blut
erlahmt mein Herz.
Du Licht der Welt,
du Blume aller Blumen,
wirst grausam gepeinigt,
mit Nägeln durchbohrt.

O wehe mir, mein Sohn,
der du süß wie Honig bist!
Deine Schönheit wird geschändet,
dein Blut verrinnt wie Wasser.

Meine Klage, mein Flehen
bricht hervor [findet Töne],
mein inneres Leid
verebbt aber nie.

Tod, nimm mich weg
und lass meinem Einzigen sein Leben!
Es bleibe nur mein Herr lebendig,
den die Welt fürchten soll.

Ach, der Wahrsager Simeon
hatte doch recht!
Ich fühle den Dolch des Schmerzens,
wie er mir einst vorausgesagt hatte.

Ich würde mich von dir trennen,
[wenn ich dich dadurch erretten könnte],
damit du, mein Kind, nicht wie ein Geächteter
zu Tode gepeinigt wirst.

Was du tust Jude, ist gesetzwidrig,
da mein Sohn schuldlos stirbt.
Du erfasst, zerrst, schlägst
und tötest ihn geknebelt [mit Unrecht].

Gibt Gnade meinem Sohn,
verschont [aber] mich nicht,
oder lasst durch qualvollen Tod
die Mutter zusammen mit ihrem Sohn sterben.

4. Die Laskai-Zeilen (ung.: Laskai Sorok [LaskS.]), das erste erhaltene ungarischsprachige gereimte Gebet (1433)

1982 fand Béla Holl dieses Elevations- bzw. Kommunionsgebet in gereimter Form in der Bibliothek des Franziskanerklosters von Šibenik in Dalmatien, in einem mittelalterlichen Kodex, einem handschriftlichen Schülerbuch *(Liber Demetri de Laskó)*. 1984 veröffentlichte er das Sprachdenkmal (*Egy ismeretlen középkori iskoláskönyv és verses nyelvemlék 1433-ból* [Ein unbekanntes mittelalterliches Schülerbuch und gereimtes Sprachdenkmal von 1433]. Magyar Könyvszemle 100, Nr. 1–2, 1984, 3–23).

a) Die lateinische Entsprechung der LaskS.
(In: Holl, Béla: Magyar Könyvszemle 100, 1984, 17)

Corpus ave Domini, salus et reparatio mundi,
Salve sancta caro, te nunc indignus adoro,
Ut me digneris in tempore pascere mortis.
O panis vive, confer mihi gaudia vitae,
Per te mundetur mens, sensus purificetur.

b) Faksimile der LaskS.

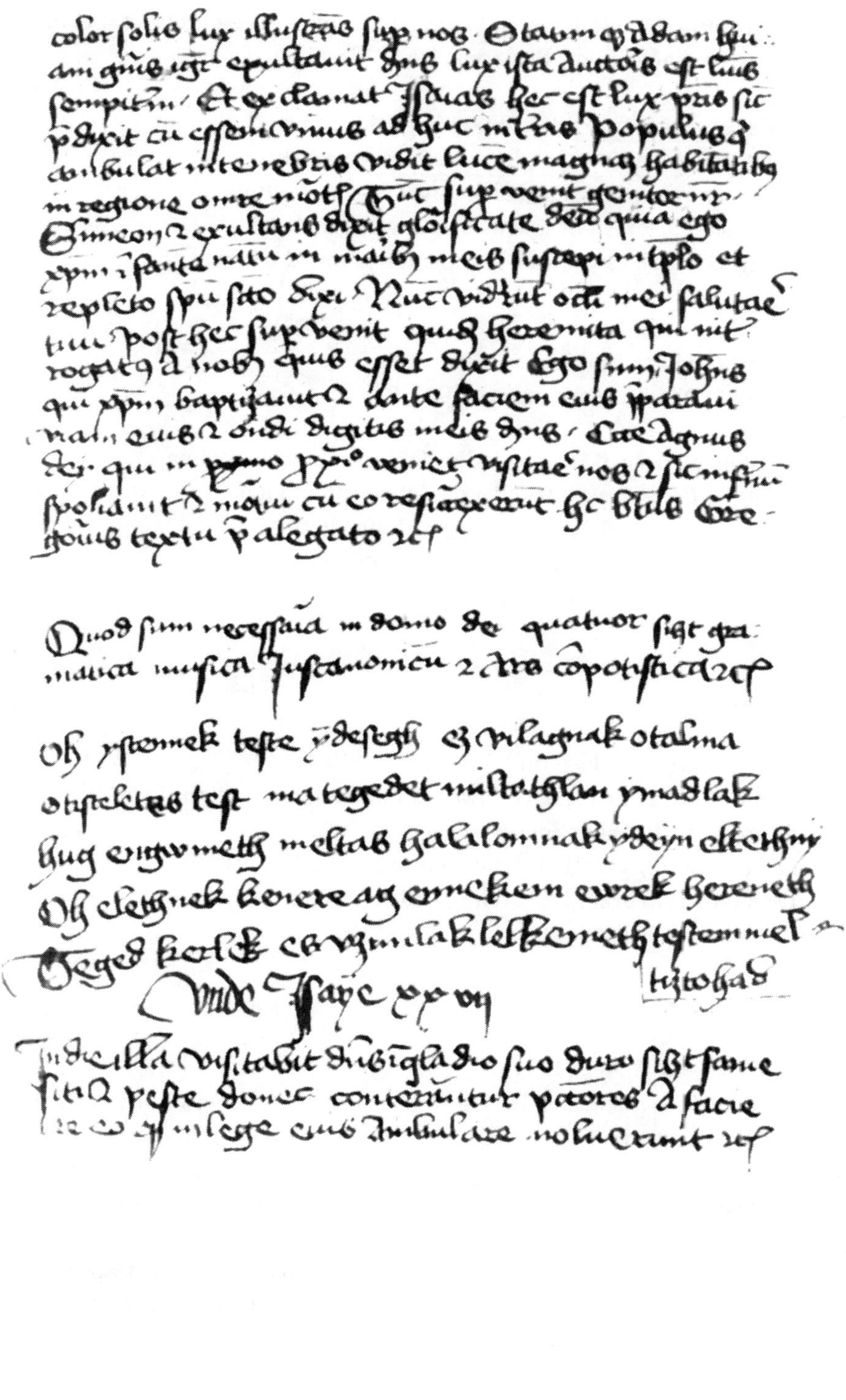

c) Paläografische Transkription der LaskS.
(In: D. Mátai, Mária: *Első magyar nyelvű verses imádságunk. A Laskai Sorok (1433)* [Das erste ungarischsprachige gereimte Gebet. Die Laskai-Zeilen]. Budapest 1997, 23)

Oh ÿſtennek teſte ÿdeſegh eȝ vilagnak otalma
o tiſteletes teſt ma tegedet miltathlan ÿmadlak
hug engwmeth meltas halalomnak ÿdeÿn eltethnÿ
Oh elethnek kenere ag ennekem ewrek hereneth
Teged kerlek es vȝunlak lelkemeth teſtemmel tiȝtohad

d) Deutung der LaskS.
(In: D. Mátai, Mária: a.a.O. 1997, 25)

Ó, Istennek teste, üdvösség [édesség?], ez világnak oltalma,
ó, tiszteletes test, most tégedet méltatlan[ul] imádlak,
hogy engemet méltass halálomnak idején éltetni.
Ó, életnek kenyere, adj énnekem örök örömet!
Téged kérlek és unszollak, lelkemet testemmel tisztítsad.

e) Deutsche Übersetzung der LaskS.

O, Leib Gottes, du Heil und Schutz dieser Welt,
o, ehrwürdiger Leib, *dich bitte ich mit meinem unwürdigen Gebet,*
würdige mich deiner Speise bei meinem Tode.
O, Lebensbrot, schenk mir die Freude ewigen Lebens!
Dich bitte und dränge ich, reinige mich samt Seele und Leib.
(Albrecht Friedrich)

f) Den LaskS. entsprechender, sog. Paralleltext im Thewrewk-Kodex (1531)
(In: *Thewrewk-kódex 1531. Régi magyar imádságos könyv.* Régi Magyar Kódexek 18. szám. A nyelvemlék hasonmása és betűhű átirata bevezetéssel és jegyzetekkel. Közzéteszi, a bevezetést és a jegyzeteket írta Balázs Judit és Uhl Gabriella [Thewrewk-Kodex 1531. Ein altes ungarisches Gebetbuch. Alte ungarische Kodizes Nr. 18. Faksimile und paläografische Transkription des Sprachdenkmals mit Einführung und Anmerkungen. Veröffentlichung,

Einführung und Anmerkungen von Judit Balázs und Gabriella Uhl]. Budapest, 1995.)

Paläografische Transkription, den LaskS. entsprechend
in fünf Zeilen gegliedert
(im Kodex in 12 kurzen Zeilen):
(In: D. Mátai, Maria: a. a. O. 1997, 32)

Oh Cristus ihūs zent teste, ez wylagnak ydwessege Es otalmazoÿa,
oh tyzthelendó zenth testh, en teged mastan meltatlan ymadlak,
hogy engemeth en halalomnak ydeÿen meltoltassal elte‹d›tned,
oh elew menÿeÿ zenth kenÿer aad ennekem erǫk elethnec erǫmeth
kerlek teghed, onzonlak teghed, hogy en zywemeth es testemet erǫkke
megh tyztohad

(Vgl. noch: D. Mátai, Mária: *Ein ungarisches Sprachdenkmal aus dem Jahre 1433*. Finnisch-Ugrische Mitteilungen 20, 1996, 83–89; A. Molnár, Ferenc: *Két régi magyar ima az oltáriszentségről. A Laskai Sorok és párhuzamos szövege a Thewrewk-kódexben*. [Zwei alte ungarische Gebete über die Eucharistie. Die Laskai-Zeilen und ihr Paralleltext im Thewrewk-Kodex]. Nyelvtudományi Értekezések Nr. 148, 2000)

5. Mihály Vörösmarty (1800–1855), der größte Dichter der ungarischen Romantik: ›Zuspruch‹ (ung.: Szózat) (1836)

a) Der Text des ungarischen Gedichtes

(In: Vörösmarty, Mihály: *Vörösmarty Mihály összes versei* [Mihály Vörösmartys gesamte Gedichte]. Szépirodalmi Könyvkiadó, Budapest 1957, 338–340)

Hazádnak rendületlenűl
Légy híve, oh magyar;
Bölcsőd ez s majdan sírod is,
Mely ápol s eltakar.

A nagy világon e kivűl
Nincsen számodra hely;
Áldjon vagy verjen sors keze:
Itt élned, halnod kell.

Ez a föld, melyen annyiszor
Apáid vére folyt;
Ez, melyhez minden szent nevet
Egy ezredév csatolt.

Itt küzdtenek honért a hős
Árpádnak hadai;
Itt törtek össze rabigát
Hunyadnak karjai.

Szabadság! itten hordozák
Véres zászlóidat,
S elhulltanak legjobbjaink
A hosszu harc alatt.

És annyi balszerencse közt,
Oly sok viszály után,
Megfogyva bár, de törve nem,
Él nemzet e hazán.

S népek hazája, nagy világ!
Hozzád bátran kiált:
»Egy ezredévi szenvedés
Kér éltet vagy halált!«

Az nem lehet, hogy annyi szív
Hiába onta vért,
S keservben annyi hű kebel
Szakadt meg a honért.

Az nem lehet, hogy ész, erő,
És oly szent akarat
Hiába sorvadozzanak
Egy átok súly alatt.

Még jőni kell, még jőni fog
Egy jobb kor, mely után
Buzgó imádság epedez
Százezrek ajakán.

Vagy jőni fog, ha jőni kell,
A nagyszerű halál,
Hol a temetkezés fölött
Egy ország vérben áll.

S a sírt, hol nemzed sűlyed el,
Népek veszik körűl,
S az ember millióinak
Szemében gyászköny űl.

Légy híve rendületlenűl
Hazádnak, oh magyar:
Ez éltetőd, s ha elbukál,
Hantjával ez takar.

A nagy világon e kivűl
Nincsen számodra hely;
Áldjon vagy verjen sors keze:
Itt élned, halnod kell.

b) Deutsche Übersetzung des Gedichtes

(In: Vörösmarty, Mihály: *Wenn einst die Nacht sich erschöpft*. Gedichte und dramatische Lyrik. Nachdichtung von Franz Fühmann. Rütten und Loening, Berlin 1982, 8–9)

Zuspruch

Nach so viel Missgeschick und
so viel Zwietracht und Fron [Müh,
verringert zwar, gebrochen nie
lebt hier eine Nation.

Welt du, der Völker Vaterland:
Nach tausend Jahren Leid
wünscht über Leben oder Tod
endlich ein Volk Entscheid.
Es kann nicht sein, dass nutzlos
so viel Herzblut verrann, [hier
dass so viel Treu nichts als den Tod
in Bitternis gewann.

Es kann nicht sein, dass heiliger
Wille, Vernunft und Kraft
so ganz vergeblich sich verzehrn,
weil sie ein Fluch bestraft.

Noch kommt, weil es so kommen
muss,
die beßre Zeit, erfleht
voll Inbrunst hunderttausendfach
durch eines Volks Gebet.

Oder es kommt, muss es so sein,
der grandiose Tod,
und überm Leichenzug ein Land
steht da im Herzblut rot.

Und um das Grab einer Nation
Volk dann an Volk sich reiht,
und Trauertränen weint das Aug
der Mensch-Millionenheit.

Von deiner Treu zu deinem Land
bring dich, Ungar, nichts ab:
Es gab dir Leben, und es hüllt
dich, wenn du sinkst, als Grab.

Es gibt für dich sonst keinen Platz
rings in der weiten Welt;
ob dich das Schicksal segnet, schlägt:
Hierher bist du gestellt.

LITERATURVERZEICHNIS

E. Abaffy 1988 = E. Abaffy, Erzsébet: *A teszen: tőn típusú igékről és a várá/kéré, várja/kéri-féle igealakokról.* Magyar Nyelv 84: 401–15.

Abondolo 1997 = Abondolo, Daniel (Hrsg.): *The Uralic Languages.* London and New York. D. Abondolo: Hungarian, 428–456

Balázs 1975 = Balázs, János: *A magyar nemzetfogalom nyelvtörténeti előzményei* (Sprachgeschichtliche Vorgeschichte des ungarischen Nationalbegriffes). Magyar Nyelv 71, 288–299

Balázs 1980 = Balázs, János: *Magyar deákság* (Ungarische Latinität). Budapest

Balázs 1997 = Balázs, Géza: *The Story of Hungarian. A Guide to the Language.* Budapest

Barabás 1976 = Barabás, Jenő: *Tárgytörténet és etimológia* (Sachengeschichte und Etymologie). Nyelvtudományi Értekezések Nr. 89 (Az etimológia elmélete és módszere). Budapest, 73–78

Bartha 1988 = Bartha, Antal: *A magyar nép östörténete.* Budapest

Bárczi 1951 = Bárczi, Géza: *A Tihanyi apátság alapítólevéle mint nyelvi emlék* (Die Gründungsurkunde von Tihany als Sprachdenkmal). Budapest

Bárczi 1958 = Bárczi, Géza: *A magyar szókincs eredete* (Herkunft des ungarischen Wortschatzes). Budapest [2]1958

Bárczi 1963 = Bárczi, Géza: *A magyar nyelv életrajza* (Biographie der ungarischen Sprache). Budapest (Deutschprachige Ausgabe: *Geschichte der ungarischen Sprache,* Innsbruck 2001 [Innsbrucker Beiträge zur Kulturwissenschaft, Sonderheft, 110])

Bárczi 1966 = Bárczi, Géza: *A magyar irodalmi nyelv kialakulása* (Die Herausbildung der ungarischen Literatursprache). Magyar Nyelvjárások 12, 3–31

Bárczi 1980 = Bárczi, Géza: *A magyar nyelv múltja és jelene* (Válogatott tanulmányok) (Vergangenheit und Gegenwart der ungarischen Sprache – Ausgewählte Studien). Hrsg. von László Papp. Budapest

Bárczi 1982 = Bárczi, Géza: *A Halotti beszéd nyelvtörténeti elemzése* (Sprachgeschichtliche Analyse der Grabrede). Zum Druck vorber. und red. von Erzsébet E. Abaffy und Csilla N. Abaffy. Budapest

Benkő 1957 = Benkő, Loránd: *Magyar nyelvjárástörténet* (Ungarische Mundartgeschichte). Budapest

Benkő 1960 = Benkő, Loránd: *A magyar irodalmi írásbeliség a felvilágosodás korának első szakaszában* (Die ungarische Literatursprache im ersten Abschnitt der Aufklärung). Budapest

Benkő 1967 = Benkő, Loránd: *Nyelvtörténet és mai nyelv (Adalékok a nyelvi szinkrónia és diakrónia viszonyához)* (Sprachgeschichte und heutige Sprache – Beiträge zum Verhältnis von sprachlicher Synchronie und Diachronie). Általános Nyelvészeti Tanulmányok V, 41–67

Benkő (Hrsg.) 1967 = Bárczi, Géza & Benkő, Loránd & Berrár, Jolán: *A magyar nyelv története* (Geschichte der ungarischen Sprache). Budapest

Benkő 1980 = Benkő, Loránd: *Az Árpád-kor magyar nyelvű szövegemlékei* (Die ungarischsprachigen Textdenkmäler der Arpadenzeit). Budapest

Benkő (Hrsg.) 1991, 1992, 1995 = Benkő, Loránd: *A magyar nyelv történeti nyelvtana* (Historische Grammatik der ungarischen Sprache). Bd. I: *A korai ómagyar kor és előzményei* (Die frühaltungarische Zeit und die Vorereignisse). Bd. II/1: *A kései ómagyar kor. Morfematika* (Die spätaltungarische Zeit. Morphematik). Bd. II/2: *Mondattan. Szöveggrammatika* (Syntax. Textgrammatik). Budapest

Benkő 1992 = Benkő, Loránd: *Sprachliche Standardisierungsprozesse im Ungarischen.* Sociolinguistica 6, 84–99

Berrár 1957 = Berrár, Jolán: *Magyar történeti mondattan* (Ungarische historische Syntax). Budapest

Bogdán 1991 = Bogdán, István: *Magyarországi űr-, térfogat-, súly- és darabmértékek 1874-ig* (Ungarische Hohl-, Raum-, Gewichts- und Stückmaße bis 1874). Budapest

Bogyay 1977 = Bogyay, Thomas von: *Grundzüge der Geschichte Ungarns.* Darmstadt [4]1990

Dahn 1999 = Dahn, Thomas C.: *Wörterbuch der ungarischen Umgangssprache. Ungarisch–Deutsch.* Hamburg

Diószegi 1962 = Diószegi, Vilmos: *Samanizmus* (Schamanismus). Budapest

Diószegi (Hrsg.) 1971 = Diószegi, Vilmos: *Az ősi magyar hitvilág. Válogatás a magyar mitológiával foglalkozó XVIII–XIX. századi művekből (A magyar néprajz klasszikusai).* (Die uralte ungarische Glaubenswelt. – Auswahl aus den Werken des 18.–19. Jh. über die ungarische Mythologie. – Die Klassiker der ungarischen Volkskunde. Hrsg. von Vilmos Diószegi). Budapest

Domokos (Hrsg.) 1977 = Domokos, Péter: *Uralisztikai olvasókönyv* (Uralistisches Lesebuch). Budapest

Domokos (Hrsg.) 1984 = Domokos, Péter: *Finnugor-szamojéd (uráli) regék és mondák* (Finnougrisch-samojedische [uralische] Sagen und Märchen). Bd. I–II. Budapest

ÉKsz. = *Magyar értelmező kéziszótár* (Ungarisches erläuterndes Handwörterbuch). Hrsg. von József Juhász, István Szőke, Gábor O. Nagy und Miklós Kovalovszky, Budapest 1972

ErdSzótTár = Szabó, T. Attila: *Erdélyi magyar szótörténeti tár* (Historisches Wörterbuch des siebenbürgisch-ungarischen Wortschatzes). Bd. I–IV. Bukarest, Bd. V–X. Budapest–Bukarest–Kolozsvár (bis Buchst. P) 1975–2000

ÉrtSz. = *A magyar nyelv értelmező szótára* (Erläuterndes Wörterbuch der ungarischen Sprache). Bd. I–VII. Budapest 1959–1962

EWUng. = *Etymologisches Wörterbuch des Ungarischen.* Hrsg. von Loránd Benkő. Bd. I–III. Budapest 1993–1997

Fábián 1967 = Fábián, Pál: *Az akadémiai helyesírás előzményei* (Vorgeschichte der akademischen Rechtschreibung). Budapest

Fábián 1984 = Fábián, Pál: *Nyelvművelésünk évszázadai* (Die Jahrhunderte der ungarischen Sprachpflege). Budapest

Farkas 1971 = Farkas, Vilmos: *Helyesírásunk hangjelölés-rendszerének története* (Geschichte des Lautbezeichnungssystems der ungarischen Rechtschreibung). Nyelvtudományi Értekezések Nr. 74. Budapest

Fazekas 1992 = Fazekas, Tiborc: *Zur Erforschung und Vermittlung des Ungarischen im 16.–18. Jahrhundert*. Wolfenbüttler Forschungen 52, 125–133

Fejér 1995 = Fejér, Rita: *Zur Geschichte der deutsch-ungarischen und ungarisch-deutschen Lexikographie. Von der Jahrhunderwende bis zum Ende des Zweiten Weltkrieges*. Tübingen

Fodor 1975 = Fodor, István: *Verecke híres útján* ... (Auf dem berühmten Weg nach Verecke ...) Budapest

Fodor 1982 = Fodor, István: *Die große Wanderung der Ungarn vom Ural nach Pannonien*. [2]1982. Budapest

Fodor 1992 = Fodor, István: *A magyarság születése (Magyarország krónikája)* (Die Geburt des Ungartums – Eine Chronik Ungarns). Budapest

Futaky 1981 = Futaky, István: *Das Wolfenbüttler Glossar – Ein ungarisches Sprachdenkmal aus dem 15. Jahrhundert*. Finnisch-Ugrische Mitteilungen 5, 231–238

Futaky 2001 = Futaky, István: *Nyelvtörténeti vizsgálatok a kárpát-medencei avar – magyar kapcsolatok kérdéséhez – Mongol és mandzsu-tunguz elemek nyelvünkben* (Sprachgeschichtliche Untersuchungen zur Frage der awarisch-ungarischen Beziehungen im Karpatenbecken – Mongolische und mandschu-tungusische Elemente im Ungarischen: 133–143) Budapest

Györffy (Hrsg.) [2]1975 = Györffy, György: *A magyarok elődeiről és a honfoglalásról* (Kortársak és krónikások híradásai) (Über die Vorfahren der Ungarn und die Landnahme – Nachrichten von Zeitgenossen und Chronisten). Übersetzung; 2., erweiterte Ausgabe, Budapest

Hadrovics 1992 = Hadrovics, László: *Magyar történeti jelentéstan* (Ungarische historische Bedeutungslehre). Budapest

Hajdú/Domokos 1987 = Hajdú, Péter & Domokos, Péter: *Die uralischen Sprachen und Literaturen*. Budapest

Harmatta 1990 = Harmatta, János: *A magyarság őstörténete* (Urgeschichte des Ungarntums). Magyar Tudomány 1990, 243–261

Holl 1984 = Holl, Béla: *Egy ismeretlen középkori iskoláskönyv és verses nyelvemlék 1433-ból* (Ein unbekanntes mittelalterliches Schülerbuch und gereimtes Sprachdenkmal von 1433). Magyar Könyvszemle 100, Nr. 1–2, 3–23

Honti 1993 = Honti, László: *Die Grundzahlwörter der uralischen Sprachen*. Budapest

Horváth 1978 = Horváth, Mária: *Német elemek a 17. század magyar nyelvében* (Deutsche Elemente in der ungarischen Sprache des 17. Jh.). Budapest

Kakuk 1996 = Kakuk, Zsuzsa: *A török kor emléke a magyar szókincsben* (Die Erinnerung an die Türkenzeit im ungarischen Wortschatz). Budapest (Kőrösi Csoma Kiskönyvtár 23)

Kázmér 1982 = Kázmér, Miklós: *Tallózás nyelvünk történetében* (Blättern in der Geschichte der ungarischen Sprache). Budapest

Kiss 1976 = Kiss, Jenő: *Die Eingliederung entlehnter Verben in den finnisch-ugrischen Sprachen. Studien zur Wortbildung und Etymologie der fin-*

nisch-ugrischen Sprachen. Szeged, 1–71 [Ungarisch 1–29]. (Studia Uralo-Altaica 9)

Kiss 1991, 1994 = Kiss, Jenő: *A magyar nyelv* (Die ungarische Sprache). – *A magyarságtudomány kézikönyve*. Hrsg. von László Kósa, Budapest, 77–161. Deutsche Ausgabe: *Die Ungarn, ihre Geschichte und Kultur*. Budapest 1994, 25–84

Kiss 1978, seit 1988: I–II = Kiss, Lajos: *Földrajzi nevek etimológiai szótára* (Etymologisches Wörterbuch geographischer Namen). Budapest

Klaniczay (Hrsg.) 1978 = Klaniczay, Tibor: *Vom Besten der alten ungarischen Literatur*. Budapest 1978, 27–28

Kniezsa 1952 = Kniezsa, István: *Helyesírásunk története a könyvnyomtatás koráig* (Geschichte der ungarischen Rechtschreibung bis zur Zeit des Buchdrucks). Budapest

Kobilarov-Götze 1972 = Kobilarov-Götze, Gudrun: *Die deutschen Lehnwörter der ungarischen Gemeinsprache*. Wiesbaden

Komoróczy 1976 = Komoróczy, Géza: *Sumer és magyar?* (Sumerisch und ungarisch?). (Gyorsuló idő) Budapest

Kosáry 1980 = Kosáry, Domokos: *Művelődés a XVIII. századi Magyarországon* (Kultur Ungarns im 18. Jh.). Budapest

Kovalovszky 1977 = Kovalovszky, Miklós: *Nyelvfejlődés – nyelvhelyesség* (Sprachentwicklung – Sprachrichtigkeit). Budapest

Kulonen 1993 = Kulonen, Ulla-Maija: *Johdatus unkarin kielen historian* (Einführung in die Geschichte der ungarischen Sprache). Suomalaisen kirjallisuuden seura. Helsinki

László 1977 = László, Gyula: *Régészeti tanulmányok* (Archäologische Studien). Budapest

Ligeti 1986 = Ligeti, Lajos: *A magyar nyelv török kapcsolatai a honfoglalás előtt és a Árpád-korban* (Türkische Beziehungen der ungarischen Sprache vor der Landnahme und in der Arpadenzeit). Budapest

Lotz 1939 = Lotz, János: *Das ungarische Sprachsystem*. Stockholm

J. Lőrinczi 1980 = J. Lőrinczi, Réka: *A magyar rokonsági elnevezések rendszerének változásai* (Veränderungen im System der ungarischen Verwandtschaftsbezeichnungen). Bukarest

Martinkó 1983 = Martinkó, András: *Értjük, vagy félreértjük a költő szavát?* (Verstehen oder mißverstehen wir das Dichterwort?). Budapest

D. Mátai 1994 = D. Mátai, Mária: *Nyelvünk élete* (Das Leben der ungarischen Sprache). Budapest

D. Mátai 1996 = D. Mátai, Mária: *Ein ungarisches Sprachdenkmal aus dem Jahre 1433*. Finnisch-Ugrische Mitteilungen 20, 83–89

D. Mátai 1997 = D. Mátai, Mária: *Első magyar nyelvű verses imádságunk. A Laskai Sorok (1433)* (Das erste ungarischsprachige gereimte Gebet. Die Laskai-Zeilen). Budapest

Mészöly 1956 = Mészöly, Gedeon: *Ómagyar szövegek nyelvtörténeti magyarázatokkal* (Altungarische Texte mit sprachgeschichtlichen Erklärungen). Budapest

Mészöly 1982 = Mészöly, Gedeon: *Népünk és nyelvünk* (Ungarisches Volk und Sprache). Ausgewählte Studien. Hrsg. von István Szathmári, Budapest

Mollay 1982 = Mollay, Károly: *Német-magyar nyelvi érintkezések a XVI. század végéig* (Deutsch-ungarische Sprachkontakte bis zum Ende des 16. Jh.). Budapest

A. Molnár 1986 = A. Molnár, Ferenc: *Über die frühen Ausgaben der »Halotti Beszéd és Könyörgés«*. Finnisch-Ugrische Mitteilungen 10, 267–271

A. Molnár 2000 = A. Molnár, Ferenc: *Két régi magyar ima az oltáriszentségről. A Laskai Sorok és párhuzamos szövege a Thewrewk-kódexben* (Zwei alte ungarische Gebete über die Eucharistie. Die Laskai-Zeilen und ihr Paralleltext im Thewrewk-Kodex). Nyelvtudományi Értekezések Nr. 148. Budapest

Molnár/Simon 1976 = Molnár, József & Simon, Györgyi: *Magyar nyelvemlékek* (Ungarische Sprachdenkmäler). Budapest

MSzFgE = *A magyar szókészlet finnugor elemei* (Finnougrische Elemente im ungarischen Wortschatz). Bd. I–III. Hrsg. von György Lakó, red. von Károly Rédei. Budapest 1967–1978

O. Nagy ²1976 = O. Nagy, Gábor: *Magyar szólások és közmondások* (Ungarische Sprichwörter und Redewendungen). Budapest

O. Nagy ³1979 = O. Nagy, Gábor: *Mi fán terem?* (Magyar szólásmondások eredete) (Auf welchem Baum wächst es? – Herkunft ungarischer Sprichwörter). 3., erweiterte Ausgabe, Budapest

NéprLex. = *Magyar néprajzi lexikon* (Ungarisches ethnographisches Wörterbuch). Bd. 1–5. Hrsg. von Gyula Ortutay, Budapest 1977–1982

Pais (Hrsg.) 1960 = Pais, Dezső: *Dolgozatok a magyar irodalmi nyelv és stílus történetéből* (Studien zur ungarischen Literatursprachen- und Stilgeschichte). Budapest

Pais 1975 = Pais, Dezső: *A magyar ősvallás nyelvi emlékeiből* (Auswahl aus den Sprachdenkmälern der ungarischen Urreligion). Zum Druck vorber. von Miklós Kázmér, Budapest

Papp 1968 = Papp, István: *Unkarin kielen historia* (Geschichte der ungarischen Sprache). Tietolipas 54. Suomalaisen kirjallisuuden seure. Helsinki

Papp 1969 = Papp, László: *Zur Geschichte des Ungarischen im 16. Jahrhundert*. Acta Linguistica Academiae Scientiarum Hungaricae 19, 355–370

Pusztai 1978 = Pusztai, Ferenc: *A magyar irodalom és a magyar irodalmi nyelv fejlődéstörténete* (Entwicklungsgeschichte der ungarischen Literatur und ungarischen Literatursprache). Magyar Nyelv 74, 285–290.

Pusztay 1977 = Pusztay, János: *Az »ugor-török háború« után* (Nach dem »ugrisch-türkischen Krieg«) (Gyorsuló Idő). Budapest

Rácz 1980 = Rácz, Endre: *A homonimák szépirodalmi előfordulásairól. – Tanulmányok a mai magyar nyelv szókészlettana és jelentéstana köréből* (Über die belletristische Rolle der Homonyme. – Studien aus dem Bereich der Wortbestands- und Bedeutungslehre). Hrsg. von Endre Rácz und István Szathmári. Budapest, 157–206.

Róna-Tas 1985 = Róna-Tas, András: *A szarvasi tűtartó felirata* (Die Inschrift des Nadelbehälters von Szarvas). Nyelvtudományi Közlemények 87, 225–248

Ruzsiczky 1972 = Ruzsiczky, Éva: *Untersuchungen zur Entwicklung der ungarischen Literatursprache*. Ural-Altaische Jahrbücher 44, 64–78

Sauvageot 1971 = Sauvageot, Aurélien: *L‹edification de la langue hongroise*. Paris

Simonyi 1907 = Simonyi, Siegmund: *Die ungarische Sprache. Geschichte und Charakteristik*. Straßburg

Szabó 1980 = Szabó, László: *A magyar rokonsági rendszer* (Das ungarische Verwandtschaftssystem). Debrecen

Szabó T. 1973 = Szabó T., Attila: *A Marosvásárhelyi Sorok és a Marosvásárhelyi Glosszák* (Die Marosvásárhelyer Zeilen und die Marosvásárhelyer Glossen). Bukarest

Szabó T. 1977 = Szabó T., Ádám István: *Der Münchner Kodex IV*. Wiesbaden

Szabó T. 1984 = Szabó T., Ádám István: *Bestimmungsmöglichkeiten der Wortzusammensetzungen im Spätaltungarischen (zwischen 1400 und 1541)*. Finnisch-Ugrische Forschungen 46, 71–87

Szabó 1998 = Szabó, Zoltán: *A magyar szépírói stílus történetének fő irányai* (Die Haupttendenzen der Stilgeschichte der ungarischen schönen Literatur). Budapest

Szathmári 1968a = Szathmári, István: *Régi nyelvtanaink és egységesülő irodalmi nyelvünk* (Die alten ungarischen Grammatiken und die sich vereinheitlichende ungarische Literatursprache). Budapest

Szathmári 1968b = Szathmári, István: *Zur Geschichte der ungarischen Literatursprache des 17. Jahrhunderts. Congressus Secundus Internationalis Fenno-Ugristarum*. Helsinki 23.–28. VIII. 1965. Pars I. Acta Linguistica. Red.: Paavo Ravila. Helsinki, 517–523

Szathmári 1988 = Szathmári, István: *La langue hongroise. The Uralic Languages. Description, History and Foreign Influences*. Ed. by Denis Sinor. E. J. Brill, Leiden, New York, København, Köln. 197–216

Szemere 1974 = Szemere, Gyula: *Az akadémiai helyesírás története 1832–1954* (Geschichte der akademischen Rechtschreibung 1832–1954). Budapest

Szent-Iványi ^{3}1995 = Szent-Iványi, Béla: *Der ungarische Sprachbau*. Hamburg

Szili 1990 = Szili, József: *Tűvarázs* (Nadelzauber). Új Írás 1990, 81–94

TESz. = *A magyar nyelv történeti-etimológiai szótára* (Historisch-etymologisches Wörterbuch der ungarischen Sprache). Hrsg. von Loránd Benkő. Bd. I–III Budapest 1967–1976, Bd. IV, Register, Budapest 1984

The Hungarian Language. Hrsg. von Loránd Benkő und Samu Imre, Budapest 1972

Tompa 1948 = Tompa, József: *Magyar nyelvismeret* (Ungarische Sprachkenntnis). Budapest

Tompa 1972a = Tompa, József: *A művészi archaizálás és a régi magyar nyelv* (Die künstlerische Archaisierung und die alte ungarische Sprache). Budapest

Tompa 1972b = Tompa, József: *Kleine ungarische Grammatik*. Budapest

UEW = Rédei Károly: *Uralisches etymologisches Wörterbuch*. Bd. I–III, Budapest 1986–1991

Vékony 1987 = Vékony, Gábor: *Késő népvándorlás kori rovásfeliratok a Kárpát-medencében* (Kerbinschriften der späten Völkerwanderungszeit im Karpatenbecken). Életünk Könyvek, Szombathely–Budapest

Velcsovné 1974 = Velcsov, Mártonné: *Antropometrikus mértéknevek a magyar nyelvben* (Anthropometrische Maßbenennungen in der ungarischen Sprache). Nyelvtudományi Értekezések Nr. 84

Velcsov 1975 = Velcsov, Katherina: *Maßbezeichnungen finnisch-ugrischen Ursprungs im Ungarischen. Congressus Tertius Internationalis Fenno-Ugristarum.* Tallinn 17. – 23. VIII. 1970. Pars I. Acta Linguistica. Red.: Valmen Hallap. Tallinn. 710–715

Veres 1972 = Veres, Péter: *A magyar nép etnikai történetének vázlata* (Skizze der ethnischen Geschichte des ungarischen Volkes). Valóság 1972, Nr. 5

Vizkelety 1985 = Vizkelety, András: *Der Löwener Kodex.* Hungarian Studies 1, 19–29

Vörösmarty 1957 = Vörösmarty, Mihály: *Vörösmarty Mihály összes versei* (Mihály Vörösmartys gesamte Gedichte). Szépirodalmi Könyvkiadó, Budapest, 338–340

Vörösmarty 1982 = Vörösmarty, Mihály: *Wenn einst die Nacht sich erschöpft.* Gedichte und dramatische Lyrik. Nachdichtung von Franz Fühmann. Rütten und Loening, Berlin